COAST TO COAST

UN VIAJE POR LOS MÁRGENES DE LOS ESTADOS UNIDOS A TRAVÉS DEL BALONCESTO

FERNANDO MAHÍA

CONTRA

Dirección editorial: Didac Aparicio y Eduard Sancho

Diseño y maquetación: Endoradisseny

Primera edición: Septiembre de 2022
Primera reimpresión: Abril de 2024

c/ Elisenda de Pinós, 22
08034 Barcelona
contra@contraediciones.com
www.editorialcontra.com

ISBN: 978-84-18282-80-5
Depósito Legal: B 14563-2022
Impreso en España por Kadmos

Para Patri.

ÍNDICE

I.
NUEVA YORK

0. Kilómetro cero: Rucker Park
11

1. El Barrio, básquet salsoso
21

2. The Dominican Jordan en Washington Heights
35

3. Una tarde en Coney Island
49

II.
EL CINTURÓN DEL ÓXIDO

4. Springfield ya no es tierra de utopías
65

5. This is what we do in Flint
81

6. El Chicago blues de Miss Gaters
101

III.
EL CORAZÓN DE AMÉRICA

7. Un anillo de treinta y tres diamantes en Paoli
117

8. Giannis en los Apalaches
133

9. Buscando a Schuye LaRue por las calles del DC
147

10. Charlottesville: donde chocan las Américas
159

IV.
EL SUR PROFUNDO

11. Un globetrotter en Savannah
173

12. Memphis, I've been loving you for too long
189

13. Lusia Harris y el realismo mágico del Delta
203

14. El baile de Pete y NOLA
215

V.
EL OESTE

15. Jorge Gutiérrez: la frontera lo cruzó
233

16. La larga marcha navajo de Ryneldy Becenti
245

17. Richfield, Idaho, no es lo que parece
257

18. Cruzando Frisco el día que se inaugura la casa de los Warriors
267

19. Epílogo: kilómetro 15.932
283

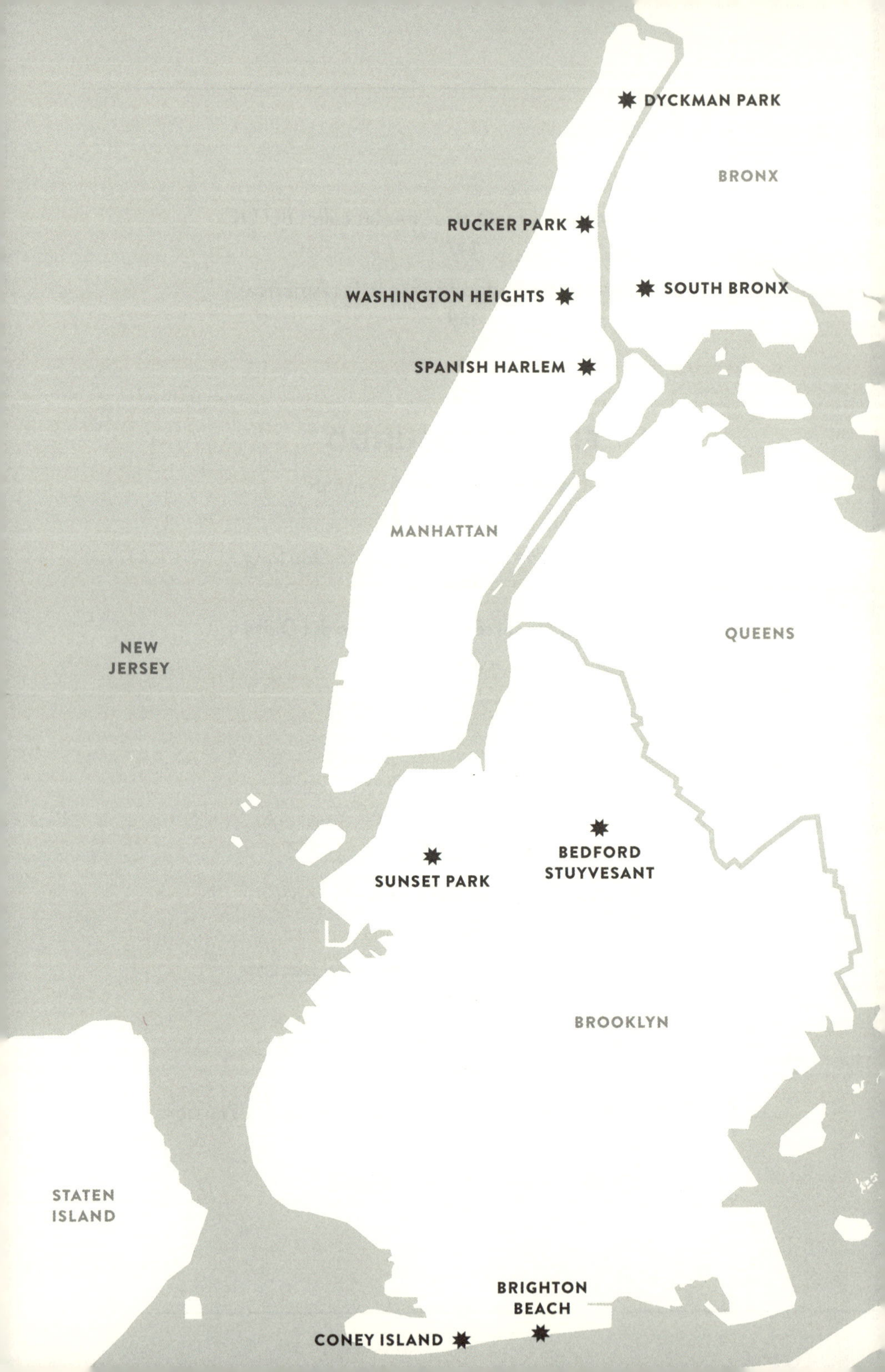
DYCKMAN PARK
BRONX
RUCKER PARK
WASHINGTON HEIGHTS
SOUTH BRONX
SPANISH HARLEM
MANHATTAN
QUEENS
NEW JERSEY
SUNSET PARK
BEDFORD STUYVESANT
BROOKLYN
STATEN ISLAND
BRIGHTON BEACH
CONEY ISLAND

I.
NUEVA YORK

«OCHO MILLONES
DE HISTORIAS TIENE LA
CIUDAD DE NUEVA YORK.»

Rubén Blades, «Pedro Navaja»

KILÓMETRO CERO: RUCKER PARK

«*Seven, seis, cinco, four…*»

No es dislexia, es Nueva York. Una ciudad en la que nada es más autóctono que lo mestizo. Donde una dosis de spanglish le viene de cine a la cuenta atrás.

Situémonos: estamos al norte del Harlem, 5 de junio de 2019, última hora de la tarde. Trump todavía duerme en la Casa Blanca. Coronavirus es un término extraño para la mayoría. Kobe Bryant sigue vivo.

Hace unos minutos que nos cruzamos en la John T. Brush Stairway con Walter Watson, entrenador personal de básquet[1]. A su lado, un adolescente seguía las órdenes a rajatabla. Sentadillas. Abdominales. Series de escaleras. Es el precio a pagar, le decía, para ser el nuevo Kareem, el nuevo Durant. Para ser el mejor ahí abajo, en Rucker Park.

1. Mientras grita y arenga y se apoya en la barandilla de esta escalera por la que mareas de aficionados al béisbol acudieron algún día al Polo Grounds para ver a los New York Giants, Walter Watson —afroamericano, 1,90, pelo corto— saca tiempo para darnos su tarjeta de visita. Reza: *Walter Watson, Player Development Coach. You want to learn? I'm willing to teach.*

La temperatura es agradable y las nubes comienzan a enrojecer sobre la cancha callejera más mítica del básquet mundial. Nos apoyamos en la verja que la rodea, como Charles Barkley cuando perdía su *mojo* en *Space Jam*. A pocos metros, cabeza apoyada en la misma valla mientras sus amigos buscan escondite, una niña hace una cuenta atrás en el idioma de las calles latinas de Nueva York.

«*...three, dos, one...*»

Uno de sus amigos se agacha tras el banco en el que se sientan los padres, que charlan a la vez que los vigilan de reojo, como por compromiso. La ciudad no es la misma que hace treinta años, ya no existe la necesidad de vivir en alerta constante. Otro se infiltra entre las gradas que rodean la pista de baloncesto. Cosa rara, no hay en ella ni pachangas ni duelos individuales ni nada que se le parezca. El resto de niños corretea de aquí para allá, en busca de algo que los oculte.

Entre la penumbra, con el sol poniéndose tras las torres del Harlem, esconderse es a esta hora una misión sencilla.

«*Go!*»

El grito de la niña inicia otra partida de escondite en Rucker Park, la última del día. Pero no solo comienza eso. Aunque ella no lo sabe ni lo sabrá, su grito va a funcionar como el mojón del kilómetro cero para este viaje. Una ruta *coast to coast*[2], del Atlántico al Pacífico, desde Nueva

2. *Coast to coast*, esa jugada en la que uno coge la bola bajo su propio aro y la bota hasta anotar en la canasta rival. Como la que hizo Shaquille O'Neal —2,16, ciento cincuenta kilos, músculos hasta en el dedo meñique— en un All-Star de comienzos del siglo XXI. Jason Kidd, que pesaba unos cincuenta y seis kilos menos, se apartó en vez de intentar defenderlo. «Cuando lo vi venir», afirmó Kidd, tipo listo, «me acordé de mi familia y le dejé pasar».

York hasta San Francisco, que busca poner a este país en contexto. Diecinueve etapas. Más de quince mil kilómetros de carretera. Un solo compañero de aventuras. Uno que siempre ejercerá de hilo conductor, por mucho que a veces vaya a ser personaje principal, en otras un simple extra: el baloncesto.

Poco le puede pegar más a este país que una mezcla de básquet y carretera. Primero, por el hecho innegable de que los Estados Unidos se han formado en el movimiento constante, mediante una conquista salvaje de todo lo que quedaba al oeste, haciendo de ríos y carreteras un elemento clave de su cultura. De ahí que las crónicas y desventuras viajeras sean su género por excelencia. Asoma John Steinbeck, que se lanzó en *Viajes con Charley* a intentar entender su país con cincuenta y ocho palos, un caniche y una autocaravana. Lo hizo con una ilusión similar a la de *Thelma & Louise*, que mandaron a todos a pastar —salvo a Brad Pitt, claro— a base de asfalto. En un cóctel de ambas vertientes, la sociológica con la visceral, Jack Kerouac saltó a la fama con su *On the Road*. Y antes que cualquiera de ellos, Huckleberry Finn y el esclavo negro Jim se habían recorrido el Misisipi al dictado de Mark Twain. La curiosa pareja se fue *rollin' on the river*, como cantaron los Creedence y más tarde versionó Tina Turner.

Pero de igual forma que el viaje es una parte fundamental de la idiosincrasia estadounidense, el básquet es un método idóneo para explicarla. Porque los Estados Unidos son un concepto complejo, poliédrico. Una realidad mestiza, pese a lo que se clama desde dentro y fuera de sus fronteras. Y pocas de sus expresiones autóctonas han mimetizado tanto ese carácter multicolor como el baloncesto. Este, a diferencia del fútbol americano, del béisbol o del lacrosse, no vive anclado únicamente en *unos* Estados Unidos: en los dominantes, angloparlantes, habitualmente nacionalistas y muchas veces reaccionarios. Con el baloncesto se llega a los márgenes del país. A negros, nativos, feministas y latinos, a los urbanos y los rurales, a los pobres y a los que todavía lo son más. Suma de ambas razones, la premisa de la que partimos es que la mejor forma de conocer el país es a través de sus carreteras, pero siempre con una canasta a la vista.

Hoy, 5 de junio de 2019, día cero del viaje, pocas cosas están esclarecidas salvo esa hipótesis inicial. El resto se muestra difuso. Las historias, sus protagonistas, incluso el método de transporte son incógnitas por despejar. Todo lo que hay es un par de piernas. Una mochila. Un mapa del país impreso en DIN A4 con resolución paupérrima. Y en él, entre líneas arbitrarias que trazan rutas que jamás recorreremos, un único punto innegociable: el de la casilla de salida. Y se sitúa justo aquí, en Rucker Park. Donde ya se ha hecho de noche, donde no hay niños jugando al escondite, ni padres vigilando. Donde nuestra presencia entre las sombras comienza a resultar un tanto inquietante.

El paso por Rucker Park era imperativo porque ningún otro flechazo deportivo, exceptuando quizás el que se produjo cuando los ingleses llevaron el fútbol a los puertos de Sudamérica, ha tenido la relevancia histórica que el de la cultura afroamericana con el deporte de la canasta. Porque esa relación de más de un siglo vertebrará todo el viaje. Y porque esta pista del norte del Harlem es la máxima expresión de dicho romance, su anillo de compromiso.

El binomio de lo negro y el baloncesto tiene sus orígenes en un episodio histórico conocido como la Gran Migración Negra, un éxodo que modificó los Estados Unidos de arriba abajo —o de abajo arriba, más bien— entre finales del siglo XIX y mediados del XX. Lo hizo partiendo de una lógica sencilla: visto que la Guerra Civil finalizada en 1865 había acabado con la esclavitud pero no con los sistemas racistas de los estados sureños, seis millones de afroamericanos que allí malvivían emigraron hacia las ciudades industriales del norte. Buscaban en ellas una ración de pan y al menos media de libertad. En sus petates, expresiones propias nacidas en el cautiverio: jazz, blues, góspel. Sonidos que estaban a punto de convertirse en parte del paisaje musical de sus destinos. De Chicago. De Saint Louis. De Detroit. Y, por encima de todos, de Nueva York.

Esas comunidades afroamericanas llegadas al norte pronto adoptaron el baloncesto como pasatiempo. Fue el fruto de una necesidad mutua. El espacio no sobraba en sus nuevos barrios obreros, y este deporte les iba de madre. Un cacho de calle, un aro colgado de cualquier pared; ahí estaba todo lo que se necesitaba para una pachanga. El básquet, por su parte, encontró en el ritmo llegado del sur el pasaporte a la fama. En sus inicios una disciplina austera, cartesiana, aburrida, propagada por organizaciones cristianas y blancas, recibió de la cultura negra dosis de todo lo contrario: ritmo, improvisación, espectacularidad, estilo. Nació una nueva forma de entender el baloncesto. Una que hizo de los pases por la espalda, los tiros en suspensión y los mates su seña de identidad.

Tan mal vista como todo lo que merece la pena, la interpretación que el gueto hizo del básquet fue considerada herejía durante tiempo. Eran fanfarronadas de cuatro macarras, espectáculo que no valía para ganar partidos. Mucho lirili y poco lerele. Pero desde el buen día en que la NBA se apartó del purismo blanco y universitario para dejarse llevar por el sabroso swing de piel oscura, el pecado, gracias a Dios, se convirtió en norma. De ahí que nadie sueñe hoy con jugar el baloncesto de aquellas universidades de principios de siglo. Todos, en el Bronx, en Betanzos, en Eslovenia, buscamos ser herederos de las familias algún día esclavas que emigraron al norte. Esas que improvisaron básquet callejero con la misma actitud de quien se marcaba un blues.

De esta forma, puesto que el Harlem fue el destino por excelencia de aquella Gran Migración, el lugar donde muchos negros fueron un pelín más libres, donde floreció como en ningún lado la poesía, el jazz, la moda y el activismo político afroamericano en el Renacimiento de Harlem[3], ¿dónde si no iba a estar el templo de su mayor expresión deportiva?

3. El Renacimiento de Harlem fue un resurgir del arte y la cultura afroamericana que tomó este barrio neoyorquino durante los años veinte del siglo pasado. Un capítulo clave en la historia cultural negra y que convirtió al Harlem en uno de sus símbolos. Como todas, esa expresión de los *felices años veinte* se cerró con la depresión económica posterior al crac del 29.

Aquí, en el cruce de la 155 con Frederick Douglass Boulevard, Rucker Park luce ya en esta noche del 5 de junio como un oasis de calma. El playground se ha acostado mientras el resto del barrio se despertaba. Es la excepción en una velada de grupos de gente bebiendo, hablando, escuchando música en las aceras. De luces de neón que alumbran fachadas. De parejas que se besan en esquinas furtivas. Una vida que entre estas dos canastas está puesta en cuarentena hasta que llegue la mañana.

A simple vista no hay nada que diferencie a Rucker de cualquier otra cancha urbana. Tiene sus dos aros, su marcador electrónico, las gradas metálicas y una valla que impide que la pelota se escape a la carretera. Su importancia radica más allá de esa primera impresión. En el relato de un lugar simbólico para el básquet de raíz, del pueblo. En la línea cronológica que parte de la Gran Migración Negra y entronca con la del básquet.

Dicha historia comienza en 1950. Lo hace con la persona que le otorgó nombre a este lugar: Holcombe Rucker. Funcionario afroamericano del ayuntamiento de Nueva York, heredero de la tradición activista del Harlem que provenía de la Gran Migración Negra, Holcombe tuvo la idea de crear un evento deportivo para los jóvenes desfavorecidos del barrio. El básquet sería el pretexto para sacarlos de la calle, de la mala vida que castigaba al distrito. Un torneíllo humilde, de andar por casa. Pero el Rucker Tournament, que así se le llamó, vivió un éxito inesperado. Lo que había nacido como un proyecto social se tornó en menos de una década en referencia deportiva nacional. Desde esa eclosión, jugadores de cualquier parte del país comenzaron a llegar a este punto del Harlem para dejar su firma. Hasta hoy[4].

Hubo un poco de todo entre esa primera generación que dio lustre y fama a Rucker Park, allá entre los años sesenta y setenta. Aquellos que hicieron cima como leyendas de la NBA: Tiny Archibald, Dean Meminger, Wilt Chamberlain, Julius Erving o Kareem Abdul-Jabbar. Tuvo también su protagonismo Nancy Lieberman, uno de los primeros mitos femeninos del básquet estadounidense. Y otros que, quizás, representan aún mejor ese carácter espontáneo, popular, bajo el que se forjó la leyenda de Rucker, meca del folclore baloncestístico. Relatos como los de Joe Hammond o «Pee Wee» Kirkland, que se dice rechazaron a la NBA porque ganaban más dinero trapicheando marihuana o heroína en el Harlem de la época. Y, por encima de todos, el de la más grande leyenda urbana: Earl «The Goat» Manigault.

Sobre Manigault, lo primero que se adentra en el territorio de la leyenda es el origen de su apodo. La teoría más plausible afirma que nació en el momento en que un profesor se confundió al pronunciar su apellido: Mani-Goat, le llamó. De ahí lo de *The Goat*, la cabra. Pero, ya se sabe, lo verídico no es siempre lo que más vende. La historia que ha prevalecido es que *The GOAT* hacía referencia al famoso acrónimo: *Greatest Of All Time*, el mejor de

4. La nómina de nombres propios de la NBA y la WNBA que, bien de críos, bien ya de profesionales, han pasado por Rucker en las últimas décadas es interminable: Kevin Durant, Kia Vaughn, Allen Iverson, Epiphanny Prince, Kobe Bryant, LeBron James, Teresa Weatherspoon, Dwyane Wade, Rafer Alston, Jamal Crawford... *and on and on and on...*

todos los tiempos. Lo fuese o no, las fábulas de sus hazañas hacen honor al apodo: dobles mates —una jugada en la que Manigault, con su escaso 1,80, hacía un mate con la mano derecha y, sin tocar el suelo, otro con la izquierda—, exhibiciones frente a cualquiera de sus rivales en Rucker, la devoción de toda una ciudad hasta que su baloncesto se fue apagando entre jeringuillas, reformatorios y cárceles neoyorquinas[5].

Luego, a medio camino entre la leyenda urbana y el profesionalismo, sin ser como Kareem pero tampoco como Manigault, deambula la biografía del que será protagonista principal de la primera etapa de este viaje: Héctor Blondet. El tal Blondet jugaba en los años sesenta para el Boys High School de Brooklyn, una de las mejores escuelas de baloncesto de Nueva York. Era negro, fuerte, ágil, de casi dos metros. Con un físico escultural, similar al de las otras estrellas adolescentes que venían a mostrarse al norte del Harlem. Lucía incluso el mismo porte, ese swag afro, neoyorquino, ese estilo tan callejero de botar el balón y que se mama en las calles de la ciudad.

Había solo un pequeño detalle que lo diferenciaba del resto de sus rivales: la forma de hablar. Una de esas frases que Blondet podía soltar, con sello de denominación

5. Aunque Manigault no llegó a ser profesional, Kareem Abdul-Jabbar nunca se olvidó de sus duelos en Rucker Park. Más de dos décadas después, cuando el mítico pívot de Los Ángeles Lakers se retiró tras su partido número 1560 en la NBA —récord todavía imbatido—, un periodista le preguntó cuál había sido el rival más duro de su carrera. Kareem no dudó: «Earl Manigault». Dichas declaraciones aparecen en *Rebound* (1996), biopic sobre un Earl Manigault al que da vida Don Cheadle.

de origen nuyorican[6]. Algo como: «¡Tremendo danqueo, brother!».

Porque Héctor Blondet, con su spanglish como el de la niña del escondite, uno más entre kareems, ervings y manigaults, fue el primer puertorriqueño en triunfar en las canchas de Nueva York. Él fue el prólogo de una invasión que tomó primero esta ciudad, luego la isla de Puerto Rico. Una que acabó por conectar Rucker Park con la isla caribeña.

¿Quién mejor que él, pues, para sacarnos a bailar un poco de salsa?

6. *New Yorker* + *Puerto Rican* = *Nuyorican*, término con el que se definió a los miembros y a los productos culturales de la diáspora puertorriqueña en Nueva York.

EL BARRIO, BÁSQUET SALSOSO

8 de junio de 2019, media mañana. Nueva York se acerca al verano. Han pasado tres días desde la visita a Rucker Park, tiempo de sobra para visitar algunos de los templos basquetbolistas de la isla de Manhattan. The Cage, en West 4th Street, la cancha más dura, la única que puede rivalizar en reputación con la del norte del Harlem. El viejo Madison Square Garden[7]. El nuevo Madison Square Garden, donde los New York Knicks siguen frustrando a la capital mundial del básquet. Y, por supuesto, Goat Park: el playground que homenajea a Earl Manigault en su barrio del Upper West Side.

7. La historia de Nueva York con los Madison Square Gardens es un tanto compleja. Ha habido cuatro diferentes. Los dos primeros, lógicamente, se levantaron cerca de la Madison Square, al sur de Manhattan; uno en 1874, el otro en 1890. Los eventos que acogían eran de lo más diverso: juicios, concursos de belleza, carreras de perros y hasta convenciones de partidos políticos, que podrían ser una mezcla de los tres anteriores. El tercer Madison Square Garden se levantó en 1925 más al norte, en la Octava Avenida con la 49, y fue el primero de los cuatro en ser utilizado como sede de los New York Knicks de la NBA. Cuando este se demolió en 1968, el nombre de Madison Square Garden pasó a su recinto actual, frente a la Penn Station.

Para lo que no han servido estos tres días ha sido para cumplir otro de los objetivos iniciales: seguimos sin vehículo. El metro y dos piernas son todavía todo lo que tenemos, de ahí que estemos en la estación de la 110 con Lexington Avenue, en pleno Spanish Harlem. O El Barrio. O East Harlem. Como bien se le quiera llamar a este distrito de Manhattan, casa histórica de los nuyoricans, mundo alternativo en la ciudad. Donde el spanglish suena en cada esquina y el plato típico es el arroz con habichuelas. Hasta donde nos ha guiado la estela de Héctor Blondet.

No podíamos haber llegado en mejor momento. El Spanish Harlem se ha levantado este sábado listo para el desenfreno. Los calendarios llevan tiempo marcados: el primer fin de semana del mes de junio está reservado para la Fiesta de Puerto Rico, tierra madre, y el ambiente ayuda a meterse en materia. Calorcito tropical, barullo constante. La Tercera Avenida cortada al tráfico. Soundsystems que pinchan salsa vieja desde el asfalto. La gente que sandunguea a la sombra de los bafles. Que si oye cómo va, que si qué triste me pongo cuando se va de casa la negra Tomasa. La bandera boricua que cuelga de ventanas, de tramos enteros del tendido eléctrico. Y solo ciertas escenas dejan ver el carácter de sucedáneo, al estilo de pequeños gazapos en una obra por lo demás perfecta.

Ese vendedor angoleño que grita «¡Puerto Rico, mami!» con acento africano.

Esas personas rubias que bailan salsa con la gracia de muñecos de Playmobil.

Son las pruebas de que, pese a tanto empeño, esto es lo que es. Un homenaje, un producto de la nostalgia, el tocadiscos sonando en la época de Spotify. De que lo nuyorican, esa forma tan caribeña de vivir Nueva York a la que en este día se rinde pleitesía, hace años que vive en decadencia. Lo hace desde los sesenta y setenta, años en los que El Gran Combo de Puerto Rico cantaba aquello de «si te quieres divertir con encanto y con primor, solo tienes que vivir un verano en Nueva York». En los que Héctor Blondet dejaba su impronta en Rucker Park. En los que semejaba que el Mar Caribe se había desbordado hasta inundar el río Harlem a base de salsa, ron y acento caribeño.

Ante esas épocas doradas, este fin de semana suena al rugido de un león en el zoológico: uno que tiene solo cuarenta y ocho horas al año para volver a sentirse el rey de la selva neoyorquina.

Dice George Zavala, uno de los últimos bohemios nuyoricans, que todo ese decaimiento del revolú puertorriqueño es por «culpa de Giuliani[8]». Envejecido, nostálgico, con el punto purista de quien ha disfrutado mucho de algo y quiere hacerle saber a todo quisqui que ya no podrá vivirlo tanto como él, George solo baja este fin de semana de su casa para repetir esa frase. Todo es culpa de Giuliani. ¿Y la fiesta? «La fiesta una mielda, brother, si lo nuyorican ya no existe.»

Sin embargo, puede que todo sea más complejo. Que nada explique mejor la caída libre de esta cultura fugaz, de la expresión que dominó Nueva York y ahora resucita en días contados, que la inevitabilidad. Lo ineludible que es

8. Rudy Giuliani, alcalde de Nueva York entre 1994 y 2001, martillo pilón frente a la mafia neoyorquina y máximo representante del cambio que llevó a la ciudad de universo malandro a postal turística, así como su líder durante el 11-S. En la decadencia de su personaje, Giuliani fue el abogado de Donald Trump.

que cualquier historia migrante esté en riesgo de verse en tierra de nadie, sin ser de un lado ni de otro. Eso le sucedió a lo nuyorican. A la salsa, la música nacida de su experiencia, que suena durante toda esta mañana de sábado. También, claro, al baloncesto que generó y a su mayor representante: Héctor Blondet. El tipo que, nacido en 1947 a unos kilómetros de aquí, en Brooklyn, explica con su biografía el periplo de toda esta comunidad.

Porque como tantos compatriotas, los padres de Blondet se vieron arrastrados a estas calles por uno de los flujos migratorios más salvajes que vivió el siglo XX: el que unió Puerto Rico con Nueva York. Independizada de España en 1898, la isla caribeña disfrutó muy poco su libertad, y de colonia española pasó a serlo de los Estados Unidos. El Tío Sam les compensó la jugarreta a los puertorriqueños con un pasaporte estadounidense y estos lo utilizaron para emigrar en masa a su nuevo país. Cuatrocientos setenta mil se marcharon en la década de 1950. Doscientos catorce mil en los diez años siguientes. La gran mayoría se asentó en Nueva York. En 1980 vivían en Nueva York casi un millón de puertorriqueños, 11% de la población de la ciudad.

La diáspora boricua no tuvo más opción que aterrizar en los barrios más pobres, en los guetos donde los afroamericanos sobrellevaban sus particulares decepciones tras la Gran Migración Negra. A estos su éxodo no les había aportado ni tanto pan ni tanta libertad, y más que de calle, los boricuas se hicieron vecinos de ese desengaño. Sustituyeron el trópico por inviernos de veinte grados bajo cero, las casas coloniales por torres de Manhattan, los campos de caña por fábricas, el español por el inglés, para percatarse de que nada había cambiado. De que, después de tanto viaje y tanta esperanza, seguían siendo la última mierda bajo diferente escenario[9]. Un destino cruel donde ahí, al ladito, esperando turno en la larga cola de agraviados por el sistema, llevaban décadas los afroamericanos.

La suma del desencanto con las influencias de la cultura afro marcó el surgimiento de una forma de ser, de vivir, de crear. Surgieron en los años sesenta los poetas nuyorican o movimientos sociales como los Young Lords, especie de Panteras Negras *à la* boricua. El grafiti se convirtió también en parte fundamental de su cultura. E hija del mismo contexto rebelde, contracultural, mestizo, nació en estas calles la salsa, una nueva forma de hacer música caribeña que ya no quería hablar de campesinos, de existencias sencillas, sino de la perra vida en el gueto. De malos, guapos y canallas de esquina[10].

En cualquier caso, nada representó de forma tan icónica ese encuentro de lo puertorriqueño con los barrios negros

9. En la novela *Bodega Dreams* de Ernesto Quiñonez, ambientada en este Spanish Harlem, se define de forma genial esa decepción con aquella Ítaca neoyorquina: «[...] muchos puertorriqueños y latinos cogieron sus maletas y llevaron sus sueños a cuestas hasta América, el país de Dios. Pero nunca llegarían a ver la cara de Dios. Porque como todo casero de un barrio pobre, Dios vivía en la zona rica».

10. Tal y como se cuenta en *El libro de la salsa*, de César Miguel Rondón, fueron músicos jóvenes y nuyoricans como Willie Colón, Eddie Palmieri o Ernie Agosto —más tarde también el panameño Rubén Blades y voces como las de Celia Cruz o La Lupe—, los que gestaron eso que se dio en llamar salsa: una adaptación de los ritmos tropicales tradicionales al trombón afroamericano y de los temas rurales de toda la vida a su realidad urbana. Su buque insignia fue la discográfica Fania Records, donde se dio rienda suelta a la «primera versión urbana» que dio la música caribeña, en palabras de Rondón.

del Harlem, Brooklyn y el South Bronx como el básquet. Ahí fue donde Héctor Blondet, salsa llevada al playground, ejerció de producto definitivo.

Criado en los Fort Greene Projects de Brooklyn, el mismo barrio en el que nació Michael Jordan, forjada su leyenda en Rucker Park, Blondet fue uno de los primeros basquetbolistas nuyorican con nombre propio. A mediados del siglo XX, sus mates, sus pases y su forma de botar fueron la mayor prueba de la unión que se había dado en el playground. El máster en básquet negro le valió para hacer carrera lejos de la ciudad. En la Universidad de Murray State. En el Fútbol Club Barcelona[11]. En el draft de la NBA de 1971, donde fue seleccionado por los Portland Trail Blazers en la quinta ronda, curiosamente en el puesto 71.

La fiesta hace que las horas se esfumen. Castiga ya el sol del mediodía en este 8 de junio y tomamos un desvío para no tener que caminar apartando perreos. Parada en el Lexington Restaurant para comer algo de mofongo[12]. En Casa Latina, donde un nieto de gallegos —porque en Nueva York siempre tiene que haber un nieto de gallegos— regenta la tienda de discos más mítica de la salsa

11. Blondet fue el máximo anotador del Barcelona en su única temporada con el club, la 1973/74, en la que promedió 23,1 puntos. Pese a todo, la suya con el Barça fue una relación que no cuajó, ya desde el primer momento. El puertorriqueño, que debía debutar en una visita al Real Madrid, afirmó días antes del encuentro que él y «cuatro juniors» bastaban para ganar el partido. Pedro Ferrándiz, entrenador madridista, pegó las declaraciones en el vestuario. El resultado del partido fue de 125-65 para el Real Madrid. Walter Szczerbiak, que también debutaba en ese partido con el Real Madrid y acabaría convertido en leyenda blanca, metió cuarenta y siete puntos. Blondet, que solo pasaría unos meses vestido de blaugrana, se quedó en dieciséis.

12. El mofongo es un plato típico puertorriqueño, hecho a base de plátano verde machacado.

neoyorquina. Desde allí ponemos rumbo al extremo oeste de El Barrio, hacia el río Harlem.

La fiesta se atenúa por estas calles. Ecos de reuniones familiares brotan desde las ventanas del distrito, el reguetón, *tambún-tambún, tambún-tambún,* que suena de fondo. A una pequeña pachanga de niños en la 118 la eclipsa un partido de béisbol que corta una calle entera. El partido que se pausa; nosotros que, gracias, gracias, podemos pasar. Y a unos cientos de metros damos con el Manhattan Center for Science and Mathematics, algún día conocido como Benjamin Franklin High School. Un edificio neoclásico, imponente, que contrasta con los bloques de viviendas sociales del resto del Spanish Harlem. Un viejo templo del baloncesto neoyorquino donde, mientras Héctor Blondet hacía de las suyas en Rucker, otros dos nuyoricans le daban más clave de son a las canchas de la ciudad: la inseparable pareja formada por Raymond Dalmau y Netfalí Rivera[13].

Dalmau, nativo del Harlem, y Rivera, criado aquí al ladito, en la 118, fueron los siguientes puertorriqueños en asaltar el baloncesto neoyorquino tras la eclosión de Blondet. Un año más jóvenes que él, ambos fueron la confirmación de que Blondet no era un asterisco. Surgieron en esa misma época y por otras partes de la urbe Rubén Rodríguez, Tito Ortiz, Raymond Burgos, todos hijos de la misma diáspora, todos herederos de la doble tradición

13. El Benjamin Franklin High School fue el instituto donde destacó Earl Manigault y donde, años después, se juntarían por primera vez Rivera y Dalmau. Ambos fueron compañeros primero en este instituto neoyorquino, luego en la selección puertorriqueña, en Piratas de Quebradillas e incluso formaron tándem en la isla como entrenadores.

negra y boricua. Tanto ruido hicieron entre todos que sus hazañas llegaron hasta el Caribe. Y ya nada sería igual.

La Baloncesto Superior Nacional (BSN), liga profesional de baloncesto de Puerto Rico, vivía por aquel entonces años difíciles. La competición contaba con poco tirón en la isla. No estaba permitido fichar a extranjeros y parecía que el asunto nunca dejaría de ser un campeonato de provincias. Hasta que, tachán, la luz se les encendió a sus dirigentes. Los mejores jugadores boricuas no nacen en Borinquen, compadre, sino en Nueva York: son nuyoricans. Así que se fueron de faena a pescarlos. De sus primera expedición en 1965 se llevarían a la isla a Raymond Burgos, también a la estrella de este Benjamin Franklin High School: Raymond Dalmau[14]. Fue la avanzadilla de una invasión. Rubén Rodríguez, Tito Ortiz, Angelo Cruz, Neftalí Rivera. El propio Héctor Blondet. En los siguientes años todos ellos meterían en sus maletas básquet neoyorquino para llevarlo a la isla de sus padres.

El éxito fue rotundo. Maravillada por aquel espectáculo nacido en el gueto, Puerto Rico se enganchó al baloncesto, deporte que le era ajeno. Y en uno de esos detalles curiosos que siempre dejan las migraciones, su influencia hizo que en Borinquen se empezase a jugar como en Nueva York.

14. En su biografía, titulada *From Harlem a Puerto Rico*, Raymond Dalmau relata una anécdota que mezcla baloncesto y carácter nuyorican. Cuando el puertorriqueño Benicio del Toro participó en la película *Basquiat* (1996), sobre la vida del artista neoyorquino —de padre haitiano y madre boricua—, el actor pidió aparecer con la camiseta de uno de sus héroes de la infancia, una forma de homenaje a esa herencia de Basquiat. La camiseta era de la selección de Puerto Rico de básquet. Portaba el nombre y el número de Raymond Dalmau, al que Del Toro idolatraba desde su niñez en la isla.

Colofón al retorno, muchos de esos nuyoricans que llegaron a la BSN pasaron a defender la camiseta de la selección nacional de Puerto Rico. También con ella brilló Blondet. «El Mago», como se le conoció en la isla, fue el jugador más destacado de los Juegos Olímpicos de Múnich de 1972, en los que lideró al combinado boricua al sexto puesto. Fue el cénit de su viaje, ahí, a ojos de todo el planeta. Y quizás relajado tras tanto logro, después del periplo que lo había llevado de pionero del spanglish en Rucker Park a mito del básquet caribeño, su rendimiento deportivo entró en decadencia hasta su retirada en 1983. De forma inevitable. Como lo nuyorican.

Alejado de su ciudad natal, Blondet falleció en la isla en 2006. Le dio tiempo de presenciar los éxitos que caminaron a su estela. Como el del Panamericano de San Juan en 1979, cuando una selección puertorriqueña con base neoyorquina estuvo a punto de derrotar a Estados Unidos en el partido por el título[15]. Como la primera victoria de la historia ante la metrópolis, en el Mundobásquet de 1990, con una selección liderada por «Piculín» Ortiz. O la gesta de la jornada inaugural en los Juegos Olímpicos de Atenas 2004, cuando Carlos Arroyo —el puertorriqueño que juega como un neoyorquino pese a nunca haber vivido

15. Perdieron, aunque como se retrata en el documental *Nuyorican Básquet '79*, los jugadores se atrevieron a sacar minutos antes del encuentro una gran bandera boricua a la pista. Lo tenían prohibido explícitamente por el gobierno de la isla, pero fue un desafío a este y al rival que tenían enfrente, al representante de un país que coloniza Puerto Rico desde hace más de un siglo. El acto contestatario definitivo de su baloncesto. La muestra de que el baloncesto boricua había nacido de la misma rebeldía contracultural que la salsa, que los Young Lords, que los Nuyorican Poets: del desencanto y la frustración con la tierra prometida.

en la Gran Manzana—, se señaló el nombre de Puerto Rico en su camiseta tras masacrar al combinado estadounidense a base de swag callejero.

En ese tiempo que va hasta el presente, al básquet y a la salsa nuyorican que se gestó en Nueva York le ocurrió como a Blondet: apareció la resaca de tanta fiesta, la inevitabilidad. La gentrificación, esa cosa tan neoyorquina, estranguló el Spanish Harlem por su suculenta localización; a tiro de piedra de Central Park, del Upper East Side; de una ciudad que viste de Prada y cuyos únicos éxodos conocidos son los de mudarse ahora a Williamsburg. Fue así como el viejo gueto fue mutando en caramelito para especuladores, la comunidad puertorriqueña envejeció, muchos se fueron a vivir a lugares más asequibles y los antiguos distritos boricuas fueron perdiendo su identidad. Y sin ese sustento, la cultura que crearon pereció ahogada en aguas internacionales. Sin ser de aquí —demasiado pobre para ser de Nueva York—, sin ser de allá —demasiado lejos de su casa para dar vuelta atrás—.

En el Spanish Harlem que fue epicentro de todo ello ya se ha hecho de noche en este 8 de junio. Ha aumentado el desenfreno en la fiesta de la Tercera Avenida. Ya no se ven por las calles partidas de béisbol o de dominó. Casi no quedan vendedores en las calles. Tampoco salsa nuyorican. Las primeras horas eran para los ancianos y nostálgicos, para el folclore de bailar salsa vieja, pero ya vale. Ahora, por fin, la party se ha puesto seria, pensarán los DJs. Retumban de sus soundsystems nuevas formulaciones del Caribe urbano. Bachata, reguetón, trap latino. Los jóvenes perrean. Los veteranos tienen pocas opciones. Imitarlos o marcharse, como perros apaleados.

Acuchillada hace años en esta continua fábrica de tendencias que es Nueva York, donde lo viejo es siempre más nuevo que en cualquier otro lugar[16], a la salsa nuyorican la sobrevivió su herencia, que no es poco. Sus vestigios se refugiaron en latitudes más cálidas, más suyas. En Colombia, Venezuela, la República Dominicana, Cuba y, por supuesto, Puerto Rico, donde fueron la semilla de las más diferentes formas salsosas. Lugares donde no se podría entender la música popular sin la experiencia de los latinos de Nueva York. De forma muy similar a que el básquet, en la isla boricua, solo sea concebible mediante el trasvase que protagonizaron Héctor Blondet y compañía.

De la rebeldía que fue acicate de ambas expresiones ya poco queda en la gran ciudad. Alexandria Ocasio-Cortez, icono de la izquierda estadounidense, nacida en el Bronx de padres puertorriqueños. George Zavala. Bobbito García, factótum de ese mestizaje entre la cultura negra y la borinqueña[17]. Y alguna que otra excepción más.

Porque a las horas, caminando por el corazón de El Barrio, en la madrugada, cuando los relojes dicen que ya es 9 de junio, en esas horas en las que Pedro Navaja

16. O mejor explicado: «Dicen que cuando en Nueva York son las tres de la tarde, en Europa son las nueve de diez años antes». La frase con la que se abre el magnífico *Historias de Nueva York*, de Enric González.

17. DJ, escritor, presentador de programas de hip-hop en la radio, experto en zapas y jugador de baloncesto callejero, Bobbito García representa como pocos cómo los hijos de la diáspora de Puerto Rico se integraron en la cultura afroamericana de Nueva York.

pasearía por aquí puñal en mano y Juan Pachanga lloraría por la mujer que no olvidó; al doblar en la 105 hacia Lexington Avenue, topamos con el último y más fanático reducto de esta expresión: el Democratic Club de Lexington Avenue.

Por nombre y apariencia una asociación de ancianos e inofensivos puertorriqueños, por espíritu algo mucho más perverso, el Democratic Club es de los pocos lugares donde resiste la salsa durante todo este fin de semana. Dentro y fuera del recinto, ignorando cualquier norma u obligación, los más veteranos de El Barrio bailan a su son desde hace horas. Tanto, que como cada año acude la policía de Nueva York a pedir, por favor, señores y señoras, relájense, *stop the music*. Pero los uniformes se la traen al pairo. Los agentes se van; mujeres y hombres, casi todos entre los setenta y noventa años, ignoran órdenes. El guaracheo sigue a todo trapo, puede que hasta la mañana del domingo. Y George Zavala, ese que le echa siempre la culpa a Giuliani y vive en el piso de arriba del club, nostálgico de sus tiempos locos pero no tanto, que no pega ojo: «¡Viejos del carajo, están locos, coño!».

Decía Héctor Lavoe, el cantante de cantantes en esto de la salsa nuyorican, que todo tiene su final. Qué decir de las historias de migrantes pobres como estas, destinadas a desaparecer sin ser ni de aquí ni de allá. Le llegó el final al mismo Lavoe, a todo su género musical, al básquet de Blondet, al auge de lo puertorriqueño en Nueva York. Le llega a esta primera etapa, porque mañana toca levantarse pronto y poner rumbo al norte de Manhattan, donde cambiaremos salsa por merengue. Solo los ancianos del Democratic Club, tan rebeldes, deciden llevarle la contraria a todo, sentir que están por encima de la inevitabilidad, y siguen con su fiesta hasta sabe Dios cuándo. Son la excepción al desvanecimiento de lo nuyorican, la cultura migrante que tomó esta ciudad a base de azúcar y crossovers.

THE DOMINICAN JORDAN EN WASHINGTON HEIGHTS

Domingo, 9 de junio. Seis horas para curar la resaca de la fiesta de Puerto Rico. El verano, *toc-toc, toc-toc*, ya repiquetea en la puerta. Los termómetros que se instalan en torno a los 25 grados. Buena noticia para un día en el que de nuevo hay que tirar de gemelos. Toca perseguir a un fantasma viviente.

El sofoco que supura el asfalto neoyorquino se suaviza un poco en la Audubon Barber Shop, en el 61 de Audubon Avenue. Dos o tres ventiladores airean en su interior a Juan, dueño del local. A Tobías, empleado que parece una reencarnación de Compay Segundo. A otros cinco hombres, todos entre los cincuenta y los setenta años. Solo uno ha venido a cortarse el pelo. El resto está aquí para charlar, platicar, darle a la lengua. Una costumbre típica en las barberías de la República Dominicana y, por ende, en Washington Heights, este barrio del norte de Manhattan que más bien parece una colonia del país caribeño[18].

18. Ejemplo clarividente: la sede más grande y llamativa de un partido político

Los domingos de verano como hoy son el día por excelencia en este distrito dominicano, del que partió el merengue que conquistó el paisaje musical de la ciudad[19]. Veinte manzanas al norte del Spanish Harlem, con un calor que les arropa y vistas de lujo a los rascacielos de la Gran Manzana, los vecinos de los Washington Heights, punto más alto de Manhattan, sacan a la calle sus sillas, mesas de camping, fichas de dominó, cervezas y ron. Beben, charlan, ríen, bailan. Y solo los privilegiados, como los de la barbería Audubon, se refugian bajo ventiladores.

El reloj marca las 11 de la mañana dentro de la barbería. Mano derecha a la navaja, Juan ultima el rasurado en la nuca de su amigo. Lo observan, pegadas a las paredes, decenas de fotos de temática ecléctica. Los supermodelos se mezclan con cortes de pelo que algún día estuvieron de moda, incluso con instantáneas de la graduación de su hija. Lo vigilan también sus compadres, que beben latas de Corona, vociferan o, por momentos, se callan para escuchar la música. Desde la trastienda Juan pincha una lista de reproducción casi tan variopinta como las fotografías. Suena salsa vieja nuyorican. Algo de merengue. Perales y Serrat. E incluso sorpresas como Juan Pardo. «La canción española, que me encanta», afirma el barbero, como excusándose.

en todo Washington Heights, al menos en este junio de 2019, es de un partido político dominicano, el PRM.

19. Cuando los nuyoricans envejecieron, fueron perdiendo fuelle y sus caderas se desengrasaron, la diáspora de la República Dominicana —más joven, más necesitada— tomó el testigo a la hora de marcar el ritmo en Nueva York. De los ochenta en adelante, la salsa dio paso al merengue y Willie Colón a Juan Luis Guerra.

Es justo unos minutos antes de que Juan acabe con el peinado de su amigo cuando se inicia el tema de conversación, el que marcará el día en la barbería. Todo comienza con un nombre compuesto y un apellido: Luis Felipe López, primera estrella que las calles dominicanas de Nueva York dieron al baloncesto. Llegan las reacciones encadenadas.

«¡Claro, chico! Claro que conocemos a Luis Felipe López. En Nueva York, si eres dominicano, tienes que conocer a Luis Felipe», suelta Juan. «Antes, cuando era más joven, solía venir mucho por la barbería. Es muy buen chico, muy normal; nunca se le subió la fama a la cabeza.»

El resto asiente. Y entre todos, a gritos unos, a base de puntualizaciones más formales otros, resumen la historia de esta leyenda urbana neoyorquina, lo más parecido a un mesías que han tenido los Washington Heights. El chico que apareció un día cual advenimiento: llegado desde la República Dominicana y convertido desde el minuto uno en el mejor jugador de los playgrounds de la ciudad.

El trazo básico de la historia, lo que todo el mundo repetirá este domingo dominicano, lo aportan ya Juan y compañía. Más que recordar al jugador de baloncesto, ellos hablan de la persona. «Qué buen chico», dicen. «Qué humilde», exclaman. Y debía ser cuestión de familia eso de la bonhomía, porque desde una de las sillas giratorias, un tal César Sánchez, cargado de ímpetu, también de cerveza, grita: «¿Y sus padres? ¡Qué morenos bien bonitos, compadre!».

Negros y buena gente si se quiere, esos padres son Carmen María López y Luis Felipe López Sr. Corría el año 1986 cuando ambos decidieron emigrar a Nueva York desde Santiago de los Caballeros, en la República Dominicana. Solo que en el proceso les surgió un inconveniente: por temas de visados, los dos hijos pequeños no podían viajar. Improvisaron. Los niños se quedarían en la isla, con su abuela. Y en ese instante de comunicarles la separación, quizás como forma de compensar lo que iban a ser años de ausencia, Luis Felipe López Sr. le dio un consejo al hijo que había heredado su nombre. Céntrate en el béisbol, le dijo, el deporte que da plata en la isla.

Por suerte, su hijo no le hizo caso. En las calles de tierra del barrio siguió practicando lo que a él le tiraba: el básquet.

No fue hasta 1989 que Luis Felipe Jr. se reunió con su familia en Nueva York. Tenía catorce años, no había visto un rascacielos en su vida, no hablaba palabra de inglés y se había criado en un país donde el baloncesto era un deporte minoritario. Daba igual. El talento es algo tan insondable que el crío era ya un fenómeno, y de la noche a la mañana ascendió a sensación de la capital mundial de la canasta. Un entrenamiento le bastó para entrar en el equipo del instituto Rice, en el Harlem, una de las escuelas con más pedigrí baloncestístico. A los New York Gauchos[20], conjunto que reúne a las promesas de la urbe, dos o tres jugadas les fueron suficientes para ficharlo. Fue el primer capítulo en la fábula de *The Dominican Jordan*.

20. Los New York Gauchos es un equipo amateur fundado en 1967 que reúne a algunos de los mejores jugadores de la ciudad antes de que den el paso al baloncesto universitario o profesional. Su lista de jugadores es una enumeración de los mejores de la ciudad en cada época: Chris Mullin, Kenny Anderson, Stephon Marbury, Kemba Walker, Kyrie Irving; Pietra Gay, Briana Fraser, Keisha Hampton, Shannon Bobbitt…

Los Washington Heights convirtieron a aquel adolescente en su estandarte. Comunidad emigrante, trabajadora, cuya única cuota de pantalla estaba reservada para las noticias de sucesos, los dominicanos de Nueva York llevaron el nombre de Luis Felipe López a cada esquina de la ciudad. Hoy, pasadas tres décadas, esas tres palabras siguen activando un resorte en la memoria colectiva. Puede que en el pasado fueran sinónimo de éxito, que ahora hagan pensar en lo que pudo ser y no fue. Mas nadie que se diga dominicano en Nueva York escapa sin reaccionar a su nombre. «¿Luis Felipe? ¡Pues claro, coño!»

Estamos en Broadway con la 163. Coches, cláxones, música; vidilla dominical en los Washington Heights. Sentados en una isleta en medio de la avenida, un grupo de ancianos echa una partida de dominó. La mayoría mira, solo cuatro juegan. El nombre ha captado la atención de todos. Y sin apartar la vista del tablero, comienzan a hablar de él. De si lo que le faltó para llegar a lo más alto fue esto o aquello. Si resulta que era demasiado bajo para jugar en esa posición. Y poco ágil, hermano, poco ágil para hacer lo otro. Si por un momento parecía que iba a ser uno los mejores del mundo. Si al final no lo logró, ni casi que se acercó. Qué pena, dice uno para el cuello de la camisa, qué pena.

Esquivamos mesas desplegadas en las aceras. Una fiesta por aquí, tipos vendiendo objetos legales y sustancias ilegales por allá. Que si oye quieres algo, que si no, ahora mismo no quiero. A los minutos llegamos al George Washington High School: el lugar donde la fiebre dominicana por Luis Felipe alcanzó su grado máximo.

Era el comienzo de la temporada 1993-1994. Aquel adolescente que ya parloteaba inglés con acento caribeño llevaba cuatro años asombrando. El curso 93-94 era su último año en el instituto Rice. Toda Nueva York y medio país lo seguía como uno de los jugadores más prometedores de los Estados Unidos. La comunidad emigrada de la República Dominicana acudía a sus partidos en masa, expectante de que, al aterrizar de uno de sus mates, se marcase uno de sus típicos pasitos de merengue. El 2 de diciembre, su equipo visitó este George Washington High School para estrenar la temporada. La presencia de dominicanos en la grada batió cualquier récord previo. Banderas, gritos, cánticos. Se habla de unos mil en el pabellón de este pequeño instituto. Y el espectáculo no decepcionó.

El encuentro entre Rice y George Washington no tuvo el inicio esperado —el entrenador de Rice mantuvo a Felipe castigado en el banco durante la primera parte—, pero con la segunda mitad llegó la locura. En veinte minutos, el dominicano le regaló a su fanaticada un triple doble descomunal: cuarenta y ocho puntos, más de diez rebotes, más de diez asistencias. Mates, vuelos, merengues. Aunque su nombre ya había viajado por medio país, este partido fue el pasaporte hacia la otra mitad. Más fuerte que nunca, televisiones, revistas especializadas y radios comenzaron a narrar la fábula perfecta, el cuento chino del sueño americano hecho realidad: el nuevo Michael Jordan era un emigrante dominicano que hasta hacía poco no hablaba inglés.

Así, cada mes que pasaba de ese 1994, más se inflaron las expectativas. En su última temporada, Rice se llevó de su mano la prestigiosa liga católica de Nueva York, el campeonato del estado y tres de los cuatro torneos nacionales en los que participó. En la mayoría de las competiciones, también en las reuniones de los mejores jugadores de instituto del país, el dominicano fue nombrado mejor jugador. Era *el tipo*, el jugador de moda. Y quizás su único problema empezó a ser que estaba tocando techo demasiado pronto. Que tras tanto ascenso antes de cumplir los diecinueve, el único punto hacia el que su trayectoria podía continuar era uno más bajo.

Es cerca del mediodía ya. En el parque de Highbridge, justo enfrente del instituto George Washington donde tuvo lugar aquel mítico partido, se disputan varios encuentros de las ligas locales de béisbol. Los niños acuden con sus uniformes, sus árbitros, sus protocolos bien definidos. En el playground adyacente unas cuantas personas tiran a canasta, cada una vestida de su padre y de su madre. Entre ellas destaca por edad, por un físico más descuidado, José. Natural de Santo Domingo pero vecino de Washington Heights desde hace décadas, José todavía se pasa a sus sesenta años por estas canastas para jugar contra gente cada vez más joven. José forma parte de la minoría dominicana que prefiere el básquet al béisbol. Él, claro, también tiene su pedacito de memoria para Luis Felipe, el ídolo que asaltó los Washington Heights por el flanco inesperado: a base de danqueos y no de jonrones.

«¿Felipe? ¡Claro que me acuerdo! Parecía que iba a llegar muy alto, compadre, de verdad que sí. Yo creo que su mayor problema fue el irse a la universidad. Allí lo quisieron convertir en *guard*, y él no botaba bien el balón, no estaba hecho para esa posición. Él era un *forward*[21]. Y se estancó.»

21. Cosas del spanglish. *Guard* es base, o escolta. *Forward*, alero.

Fuese esa o no la razón principal, sí es cierto que el hype de Luis Felipe descendió tras graduarse en el instituto Rice. Era casi imposible que no lo hiciese. En el verano de 1994, el dominicano recibió el interés de franquicias de la NBA para dar el salto a la competición profesional. De haberlo hecho, se hubiese convertido en el primer jugador de la liga en sus tiempos modernos que lo hacía sin pasar por la universidad[22]. Desechó la opción por estudiar una carrera. Tras un proceso de reclutamiento en el que participaron las mejores universidades del país, se comprometió con Saint John's, la mítica universidad de Chris Mullin y Walter Berry, con sede en Queens, en la misma ciudad de Nueva York. La rueda de prensa en la que anunció su decisión fue retransmitida en todo el país. *The Decision* antes de *The Decision*. De forma inmediata, su nuevo equipo se convirtió en favorito para el título universitario de la NCAA.

Fue así que las pesas se le fueron acumulando en una mochila que no tenía las correas preparadas para tanta carga. En su época de instituto Luis Felipe *solo* había sido el referente de una comunidad emigrante huérfana de referentes. A partir de su llegada a Saint John's lo pasó a ser de toda una ciudad, Nueva York, tan fanática en su chovinismo baloncestístico como frustrada a la hora de transformarlo en victorias. Se le unió a ello el sobrenombre de «nuevo Michael Jordan», losa que nunca dejó a nadie vivir tranquilo salvo a un tipo llamado Kobe Bean Bryant. En diciembre de 1994, síntesis de las expectativas desmedi-

22. Antes de que lo hicieran futuras superestrellas de la NBA como Kevin Garnett, Kobe Bryant o Tracy McGrady.

das, Felipe protagonizó la portada de *The Sports Illustrated*, biblia mensual del deporte norteamericano. Primera página dedicada al completo, imagen icónica: el dominicano sobrevolando el skyline neoyorquino, camiseta de Saint John's, número 13. Tenía diecinueve años. Cinco atrás todavía vivía en Santiago de los Caballeros y jugaba al básquet en una calle de tierra. Ahora había llegado a la cima. Le esperaba la bajada.

El bochorno del mediodía se ha instalado en el barrio que todavía lo recuerda por sus proezas de hace un cuarto de siglo. Antes de seguir con la ruta, antes de encarar la cuesta abajo deportiva de Luis Felipe, paramos en un restaurante dominicano. Tostones con puerco, habichuelas, jugo de frutas. En la mesa de al lado, un grupito de tres hombres habla largo y tendido sobre el baloncesto del país caribeño —«¡En la isla, cuando alguno hacía una buena jugada de basquetbol, le decíamos hacerla *a lo Sibilio*!»[23]—, pero no añade nada nuevo sobre nuestro protagonista. «Qué buen chico que es Luis Felipe.» Dan, eso sí, un consejo: si queremos conocerlo en persona, lo mejor es ir al otro lado del río Harlem, hasta el South Bronx. Allá donde la familia de Luis Felipe pasó toda su vida.

Pasamos antes por Dyckman Park, en el extremo norte de Manhattan, quizás el mejor playground del momento en Nueva York, que también fue territorio López[24]. Cua-

23. «Chicho» Sibilio (1958-2019), exjugador de origen dominicano del Barcelona y la selección española de los años ochenta.

24. El dominicano fue una de las primeras estrellas del torneo Dyckman, creado en 1990 con el mismo objetivo que Rucker u otros tantos torneos de baloncesto callejero en Nueva York: alejar a los jóvenes de las guerras entre bandas, la epidemia de crac, la violencia estructural que anidaba en estas calles. Otros

tro niños latinos juegan un dos para dos, otra pareja espera su turno bajo un sol abrasador. En una calle cercana, tres jóvenes dominicanos sentados frente a una barbería explican, molestos, que claro que lo conocen, que todo dominicano conoce a Luis Felipe en Nueva York. Y no obstante, si es verdad que ellos lo vieron jugar, lo que por edad pudieron conocer no fue al jugador que asombraba a todos en esta cancha, sino el que ya arrastraba promesas ajenas sin cumplir. El que salió magullado de su periplo universitario. El que, en sus cuatro años con la Universidad de Saint John's, pagó las presiones desmesuradas.

Porque aunque Felipe rindió a buen nivel en su primera temporada universitaria, a partir de la segunda entró en una depresión de la que tardó dos años en recuperarse. Quizás no fue capaz de lidiar con ser catalogado, observado, vigilado, rezado, animado, criticado las veinticuatro horas del día. Quizás Luis Felipe solo estaba hecho para jugar bien al básquet, para dar sus pasitos de merengue. Para pasárselo bien, no para cargar tantas esperanzas a sus espaldas. Todo ello se le hizo demasiado. No fue hasta su cuarto y último año que el dominicano recuperó el *mojo*, la confianza, el juego con el que había deslumbrado en Rice. Y en ese momento, enfrente, hostil, se interpuso la fortuna.

1998. Primera ronda de los playoffs de la NCAA, partido ante la Universidad de Detroit, última chance de López

dominicanos de la ciudad, como Francisco García, Charlie Villanueva o Adris de León, también tuvieron su momento en Dyckman. Lo mismo que Kevin Durant, que metió cuarenta y un puntos en esta cancha en el verano de 2011, cuando aprovechó el cierre de la NBA para destrozar playgrounds a lo largo y ancho del país. Unos días antes había metido sesenta y seis en Rucker Park.

para acercar a Saint John's a lo que muchos habían augurado. Quedan escasos segundos para el final del encuentro y su equipo marcha un punto abajo. El balón le llega a Felipe. Un tiro para la redención. Su periplo universitario, que había comenzado con un vuelo sobre el skyline neoyorquino, puede acercarse un paso más al sueño del título. Lanza. La bola se eleva, desciende, impacta en el aro. Se sale. Suena la bocina. *Paaaah*. Pierden. Luis Felipe queda botado en el parqué. Sollozos. El borrador de la fábula perfecta, a la papelera. Allí queda el papel, olvidado. Arrugado y roto junto a otros tantos bocetos incumplidos del sueño americano.

Esa derrota, las dudas en torno a su figura, no fueron suficientes para impedir que saliese escogido en el número 24 del draft de 1998 por los San Antonio Spurs. Un traspaso lo envió de forma casi inmediata a los Vancouver Grizzlies. Y a los dos años, jugando para los Minnesota Timberwolves, cuando su carrera en la mejor liga del mundo parecía reverdecer unos laureles que no eran tan viejos, el héroe de Washington Heights sufrió una doble lesión de rodilla. Era el verano del 2001. Finalizó así su etapa NBA. Con la fortuna otra vez de rival. Con discreción. Con ausencia de fotos y portadas y palabras y banderas dominicanas. A kilómetros de lo que habían augurado sus años en Rice High School.

Llenamos la cantimplora de agua en una fuente junto a Dyckman: queda un paseo largo por delante. Cruzamos el río Harlem. Highbridge. El Yankee Stadium, meca del béisbol. El Gauchos Gym, en Gerard Avenue con la 146, donde Felipe había dejado tantas bocas abiertas al poco de llegar a esta ciudad jugando para los New York Gauchos.

Y ya a media tarde, aparecemos en el centro mismo del South Bronx.

Aquí, la sucesión de derrotas en la que se tornó su carrera no evita que nombrar a Luis Felipe López sea como hablar de un expresidente. De un beisbolista. O peor: de uno de los cantantes de la banda de bachata Aventura, nativos de estas calles. «Aquí todos conocemos a Felipe, su familia vivió aquí desde hace años; todavía le vemos de vez en cuando», comenta un vecino del barrio, natural de la isla pero con pasado en Murcia. Él, por supuesto, pasa la tarde de domingo en la puerta de una barbería. Y añade: «Es muy buen tipo, seguro que no tiene problema en hablar un rato».

Como él, Felipe también tuvo su paso por España. Fue en esos años en los que desapareció del panorama norteamericano para iniciar un recorrido por las ligas más diversas. Venezuela, México, Brasil, Alemania, el Plus Pujol Lleida de la ACB. Ya como punto final a su carrera, la vida lo devolvió a la República Dominicana, donde ganó la liga nacional con el equipo de su barrio. Allá, junto a las calles de tierra de casa de su abuela, en las que desobedeció a su padre para convertirse en un mito callejero de Nueva York. Y en paz, cerrado el círculo, se retiró.

Al regreso de tanta vuelta y tanta canasta, se centró en su otra especialidad. Esa que a menudo resulta más complicada que ser una estrella del deporte. Por la que todos lo reconocen en estos tiempos. La de ser un tipo decente.

Así lo recuerdan también los miembros de la Iglesia Evangélica Española del South Bronx, donde se dedicó a entrenar a los niños del barrio, donde echó una mano a la parroquia en todo lo que pudo a su regreso a Nueva

York. A cobijo de las sombras de las que surgió con catorce años y a las que había regresado, le encontró el gusto a trabajar para los demás. Pasó a hacer lo mismo no solo en Washington Heights y el South Bronx, sino también en la República Dominicana, donde todavía hoy colabora con programas de cooperación de la NBA. De ahí que por ello, porque dedica su tiempo a echar una mano a través del baloncesto, lo primero que cualquiera recuerda de Luis Felipe ya no son los mates, los merengues al aterrizar tras sus vuelos, los puntos que anotó en el George Washington frente a miles de dominicanos. Ahora sobre todo recuerdan su bonhomía.

Atardece en este 9 de junio, el sol se pone sobre las colinas de piedra del parque de St. Mary, en el South Bronx. Suenan bachatas de fondo, pero ya en *fade out*. Aire decaído, todo suena a despedida, mañana toca trabajar y es difícil que eso anime a nadie. Las piernas pesan de tanto caminar. Y aunque ya sabemos mucho de Luis Felipe López, faltaría preguntarle a él por su propia historia.

Comentan por la zona que lo mejor será venir al día siguiente, en lunes. Porque aquí al lado, a unas calles, está el taller de aluminio de su hermano Anderson. Toda la familia es muy buena gente, cuentan. Nadie va a poner problemas.

Pero sucede que su hermano, después de hablar por teléfono con Luis Felipe, nos cuenta que este sí quiere hablar de su historia. Pero no para nadie, sino para escribir una biografía con esa vida que todos sus vecinos se conocen ya al dedillo, con los picos y valles del primer ídolo de los Washington Heights. Por ello, explica, no va a contarla para ningún otro libro.

Lógico y paradójico a la vez, en la Nueva York dominicana del merengue y los domingos al sol, el único que no quiere hablar de Luis Felipe López es Luis Felipe López.

UNA TARDE EN CONEY ISLAND

Son las cinco de la tarde del 12 de junio en Coney Island, Brooklyn. Pista de cemento, ocho niños afroamericanos, pachanga. Tienen diez, doce, quizás hasta trece años. Juegan como si el sol no les afectase. Porque, en realidad, ¿a quién le importa el calor con su edad y un balón de baloncesto de por medio?

Al otro lado de la verja, cuatro jubilados se cubren de los rayos como pueden. Con un periódico, con el envés de la mano, con gorras, frunciendo el ceño. Mientras, comentan al detalle cada jugada. Qué bueno va a ser este, oye, pero si eso es falta, aquel se queja demasiado porque eso no era falta, los chicos de ahora ya no juegan como antes y solo quieren meter triples como Stephen Curry.

Es el día a día de Nautilus, pista sepultada entre los *projects* de Coney Island, un playground al que su nombre le viene que ni pintado: solo una pasarela de madera lo separa de la playa y el océano hace de sonido ambiente para los partidos. En invierno, cualquier temporal podría llenar la pista de arena, de salitre. No será hoy. El clima es ideal: cielo azul, el viento que ni siquiera mueve las hojas de los árboles.

Tan idílica, la estampa no hace más que resaltar el cambio con la realidad que se vivía aquí hace dos, tres décadas. Los niños del barrio competían por aquel entonces por algo más que el orgullo o la autoestima, pues una de las pocas salidas de este gueto estaba en ser el mejor en Nautilus. Los viejos de turno, por su parte, se conformaban con que a uno, aunque solo fuese a uno, le saliese bien la jugada. La jugada de imitar a Stephon Marbury y salir de estas calles de la mano del baloncesto hacia un lugar mejor.

¿Qué sitio era mejor que Coney Island? Casi cualquiera.

Veinte kilómetros al sur de los mundos latinos de El Barrio y Washington Heights, Coney Island es una esquina olvidada al sur del sur de Brooklyn. Todo aquí son torres gigantes, callejones oscuros, soportales poco acogedores. El trayecto en bici desde Manhattan nos ha llevado a atravesar algunas de esas realidades exóticas que forman Nueva York. Bedford-Stuyvesant, patria chica de Notorious B.I.G., de Jay-Z. El Barclays Center, nuevo punto neurálgico del básquet neoyorquino[25]. Sunset Park, interesantísimo barrio con una importante comunidad china y latinoamericana, donde se ubica la pista de entrenamiento de los Brooklyn Nets. Pasamos por barrios haitianos, jamaicanos, chinos, judíos, yemeníes y guayaneses.

25. Después de que los Knicks convirtieran el fracaso en su meta anual, los Brooklyn Nets asaltaron el trono de equipo referente de la ciudad desde su llegada en 2012. En el Barclays Center comparten casa con las New York Liberty de la WNBA y la nueva sensación del básquet norteamericano: Sabrina Ionescu.

Incluso, penúltima parada, por el distrito ruso de Brighton Beach, donde para leer el menú de los restaurantes se necesitan nociones básicas de cirílico.

Frente a todo ello, Coney Island es solo otro barrio afroamericano. Un lugar humilde, pobre. Con un pasado violento. Donde se llevó al paroxismo la triada de la cultura negra urbana de finales del siglo XX y principios del XXI: básquet, hip-hop y *projects*.

Aunque el distrito vive hoy tiempos tranquilos, la memoria colectiva de la ciudad evoca otros menos agraciados en los que había más balas que esperanzas, más víctimas que justicia. Fue en aquella Nueva York que describió Grandmaster Flash en «The Message» en la que el hip-hop se convirtió en el grito más desgarrador del gueto[26].

It's like a jungle sometimes
It makes me wonder how I keep from goin' under
Broken glass everywhere
People pissin' on the stairs, you know they just don't care
I can't take the smell, can't take the noise
Got no money to move out, I guess I got no choice
Rats in the front room, roaches in the back
Junkies in the alley with a baseball bat
I tried to get away but I couldn't get far
'Cause a man with a tow truck repossessed my car[27]

26. Nacido en el South Bronx, el hip-hop había tenido hasta ese momento un carácter festivo, de celebración. Con «The Message» ganó un nuevo registro: el de crónica de realismo social.

27. Es como una jungla / a veces me pregunto cómo hago para no hundirme / cristales rotos por todos lados / gente meando en las escaleras, sabes que no

Fue ahí, bajo esa misma infrarrealidad, que el básquet emergió como única salida para el lumpen negro. Y de la misma forma que ambos elementos mantienen su preponderancia en el barrio —niños y no tan niños se pelean en canchas como Nautilus por el estatus de ser el mejor, bajos de temas de hip-hop retumban sin cesar desde casas, coches, fiestas, como las gaviotas en una ciudad marinera—, pervive en Coney Island el otro símbolo de sus épocas oscuras. Lo que quizás fue la semilla de todo ello: los *projects*. El nombre que la calle le otorgó a estas torres de viviendas sociales, como las que nos rodean en Nautilus.

Avisperos de hormigón armado, ventanas angostas y más de quince plantas, estas torres lo enmarcan todo en Coney Island. Dominan su skyline. Modificaron su historia, pues ejercieron como el germen del gueto[28] cuando el giro neoliberal de los Estados Unidos en la segunda mitad del siglo XX disparó la desigualdad entre clases. Cuando en barrios urbanos como este brotaron las epidemias de

les importa / ya no puedo más con el olor, no puedo con el ruido / no tengo dinero para mudarme, me imagino que no tengo más opción / ratas al frente, cucarachas en la parte de atrás / yonquis en el callejón con un bate de béisbol / intenté escaparme, pero no pude llegar lejos / porque un tipo en una grúa se llevó mi coche.

28. Los *projects* llegaron a Coney Island de una forma similar a la de muchos otros barrios negros y pobres del país. En 1954, el ayuntamiento de Nueva York decidió situar aquí quince de estos desarrollos urbanísticos. Dos décadas después ya había un total de treinta y siete. Esa concentración de pobreza en escasos kilómetros cuadrados trajo consigo efectos secundarios. Al mudarse a barrios aislados como este, la carga de racismo que las comunidades afroamericanas o latinas sobrellevaban aumentó. Eran lugares desiertos de servicios públicos de calidad, de colegios decentes, de trabajos, de vías de comunicación con el resto de la ciudad. Más que una forma de alejarlos de la marginación, los *projects* fueron una vía rápida hacia ella.

heroína, de crac, y se criminalizó su consumo. Cuando aumentó la violencia y el número de familias desestructuradas. Cuando las capas más desfavorecidas dejaron de ser humildes para convertirse en indigentes.

Hoy, cosa curiosa, estas mismas torres funcionan como homenaje a los héroes que escaparon de aquel infierno gracias al baloncesto. Siempre que se pronuncia el nombre de uno de ellos hay un vecino dispuesto a erguir el brazo, señalar la torre que corresponda, y decir: «Ahí vivía». Como si el *project*, hoy, fuese una pirámide en su homenaje.

Los cuatro jubilados que hacen de público en Nautilus rápidamente se despreocupan del partido cuando escuchan el nombre. ¿Marbury? ¿Stephon Marbury? Su brazo se estira, el dedo índice apunta a una de las torres que se levanta al norte de Nautilus. A uno entre los miles de ventanucos que agujerean el hormigón.

«¡Aquel! ¡Aquel de allí! ¿Lo ves? ¡Aquel era el apartamento de los Marbury!»

Los años previos al surgimiento de «Starbury», las décadas de los setenta y ochenta, habían visto cómo el básquet había aumentado su preponderancia en los distritos afroamericanos más desfavorecidos. Nacer en uno de estos guetos, donde la movilidad social era un unicornio, implicaba una muerte a su sombra. Y ante ese determinismo social, el baloncesto comenzó a ser utilizado como una forma de revuelta.

Para los chicos y chicas de estos lugares la fórmula era sencilla. Si destacabas en el instituto podías ser reclutado por una buena universidad. Becado y con gastos pagados por jugar en el equipo universitario, tenías a mano el lujo de sacar una carrera, inaccesible de otro modo. Y con un título sellado en una facultad de renombre, ganabas el salvoconducto fuera de los márgenes. Rumbo a un trabajo decente. O, por qué no, al deporte profesional.

Eran demasiados *y sis*, muchas incógnitas por despejar en una ecuación cuya otra cara era quedar botado en la nada. Pero esa mínima esperanza ensanchó la importancia del básquet en el mundo afro. El deporte que habían adoptado como entretenimiento a principios de siglo, que elevaron a su mayor exponente en Rucker Park, que compartieron luego con los nuyoricans, se tornó en las últimas décadas del siglo xx en un método de supervivencia. En pocos lugares de forma tan desesperada como en Coney Island.

Aquí, como en cualquier otro barrio, fueron pocos los chicos que ganaron esa apuesta macabra. Stephon Marbury fue el primero. Antes que él, habían fracasado en su intento de escapar de la jungla sus tres hermanos mayores, todos proyectos de estrella, todos estrellados en el camino. Malas notas, apoyo familiar inexistente, problemas con las drogas. Las más diferentes causalidades. Como refleja el magnífico libro *The Last Shot*, de Darcy Frey, en Coney Island siempre había una piedra que truncase la carrera. Del instituto Abraham Lincoln del vecindario salían algunos de los mejores jugadores del baloncesto neoyorquino, pero ninguno lo podía aprovechar a su favor.

Hasta que llegó el cuarto intento de la saga de los Marbury.

Stephon triunfó en el Abraham Lincoln igual que habían hecho sus hermanos. Pero luego, sin tropiezos, superó uno a uno todos los obstáculos. Con las notas necesarias para ingresar en Georgia Tech. Con un año en la universidad que le valió para sellar su billete a la NBA en 1996. Y por si quedaban incógnitas, con una destacada carrera entre Minnesota, New Jersey, Phoenix y la propia Nueva York, aderezada con un retiro en China[29]. Demostró así lo que en este barrio neoyorquino se llevaba tiempo asumiendo a base de fe: que el básquet abría caminos.

Aquellos años noventa fueron una época en la que el baloncesto profesional estadounidense se llenó de historias como la suya, de hijos de otros guetos. Allen Iverson, Caron Butler, Darius Miles. Todos ellos ejemplos de cómo este deporte se había integrado como una pata más de la cultura hip-hop, que brotaba de las capas más bajas de las comunidades afroamericanas. Eran estrellas de la NBA, pero vestían y se comportaban como gánsters, en ocasiones hasta podía que lo fuesen. Sacaban sus propios álbumes de rap y desde muchos estamentos bienpensantes se les criticó por lo mismo que a su música: por incitar a la violencia, a comportamientos *poco decorosos*. Pero allí no había tanto de incitación como de reflejo. Eran el producto de unos submundos que el país había creado a base de racismo y desigualdad.

Dejamos por un momento el partido de Nautilus, donde los jubilados se quedan hablando sobre el héroe. Que si hace poco le compró una barbería a un amigo suyo de la infancia aquí al lado, que si cuando jugaba en los

29. Sin olvidar la memorable exhibición en los cuartos de final de los Juegos Olímpicos de Atenas 2004 frente a la selección española, a la que le endosó 31 puntos y 6 triples. Se quedó sin el oro, eso sí: Estados Unidos perdió en semifinales con Argentina, a la postre campeona olímpica.

Knicks apareció con un camión lleno de zapatillas para los niños del barrio. Serpenteamos entre bloques de vivienda social. Entre unas calles siempre en sombra, figurada, sin figurar, en las que la salida de Marbury fue como el triple que entra tras seis, siete fallos. El que destensa. El que hizo que, con una proporción difícil de ver en cualquier otro lugar, en aquella Coney Island noventera comenzaran a aparecer profesionales a borbotones.

Tras la eclosión de Marbury, abrió su particular sendero en el gueto Derrick «D'Flight» Brown. Un hombre lo recuerda desde The Garden, otra de las míticas pistas del barrio. Sus hijos juegan, él los vigila. O los vigilaba. Ahora se despreocupa de ellos para señalar un punto inconcreto del skyline. «Allí se crio D'Flight». Y aunque sus hijos le reclaman desde la pista, más como árbitro que como padre, él se desentiende. Prefiere relatar a brochazos la carrera de este vecino del distrito, que se labró un nombre a base de mates entre estas canchas, la Universidad de Providence y Filipinas.

Unos años después que Derrick Brown apareció un tal Lance Stephenson, exjugador de Los Ángeles Lakers o Indiana Pacers de la NBA, quintaesencia del básquet del gueto. Tan genial sobre una pista como ácrata e irreverente, paradigma de un lugar donde todo se jugaba a una carta. De ahí que algunos de los que ganaron la apuesta, como él, sintiesen que poco les quedaba por demostrar. Desde Surf Avenue, ya al norte de los *projects*, un chaval señala una torre y explica: «Allí vivía, en esa torre vivía Lance Stephenson».

Caminamos hacia Mermaid Avenue —sí, la Mermaid Avenue de Woody Guthrie—, donde las torres se transforman en edificios de dos o tres plantas. Atardece y la calle está con vida. Gritos de niños, de bolas rozando redes de hierro en otros playgrounds. Los mayores se sientan a la fresca en las aceras. Para jugar a dados, para escuchar música, para hablar. Un deportivo aparca a nuestro lado. Suspensiones bajas, bafles a todo volumen que escupen bases de hip-hop. Se baja un tipo alto, fuerte. Dice llamarse Mel, tiene treinta años. Y como para demostrar que el swag de Coney Island no es solo un atributo de las canchas, tira de su propio relato:

—¿Conoces a Chris Taft?

—Sí.

—Pues mira.

Móvil en la mano, muestra una foto en Facebook con este exjugador de la NBA. En los comentarios, Taft reconoce como solía perder frente a Mel los concursos de triples de cuando eran críos. «Es colega mío», suelta, orgulloso, mientras señala otro punto en las torres de Coney Island. Allí, dice, la antigua casa de Taft, su colega. Y se va contento, el tal Mel, con que otro más, quién sabe cuántos van ya, sepa que él humilló a uno de los héroes de Coney Island.

Porque, al final, puede que aquí, donde las esperanzas de toda una comunidad se comprimieron en las canchas para canalizarse en uno o dos chicos, lo justo sea que todos reclamen su pedacito de mérito. Como si, ya que no había alegrías para todos, se hubiesen socializado. De ahí que Miss Small, sesenta años, altísima, espigadísima, cargada con unas bolsas de la compra que deposita para descansar frente a su portal entre los *projects* al sur de Mermaid Avenue, se arranque a hablar de su héroe particular.

De la historia en la que ella se ha sentido partícipe: la de Isaiah Whitehead, última estrella de estos bloques.

«Es tan buen chico… yo era su profesora en la guardería; luego pasó muchas horas en este portal cuando tenía seis o siete años, y ya me decía que su objetivo era devolver a la comunidad todo lo que esta le había dado.» Habla con pausa, para que quede claro quién lo educó para ser un chico tan majo. A la vez, señala hacia arriba, como todos, hacia un nuevo punto difuso de las torres de Coney Island: «Él vivía ahí, en el segundo».

Isaiah Whitehead, ojito derecho de Miss Small, fue el último profesional en salir de esta esquina de una esquina neoyorquina. Debutó en 2016 en la NBA, precisamente con la camiseta de los Brooklyn Nets. Se unió a la lista de Stephon Marbury, Derrick White, Lance Stephenson, Chris Taft. De otros héores de Coney Island de los que nadie se acordó en esta tarde, como Sebastian Telfair[30] o Quincy Douby.

Tal densidad de historia ha hecho que el barrio y el instituto Abraham Lincoln se convirtiesen en destino para mitómanos de este deporte. Spike Lee decidió ambientar aquí su película *He Got Game*, la historia de un personaje de ficción llamado Jesus Shuttlesworth que bien se podría apellidar Marbury[31]. Los ojeadores vienen a buscar aquí a

30. Primo pequeño de Stephon Marbury, Sebastian Telfair fue uno de los jugadores de instituto que más hype generó en el siglo XXI, quizás solo superado por LeBron James. Nativo de Coney Island, deslumbró a todo el país desde el Abraham Lincoln High School, desde donde dio el salto a la NBA en 2004. Su carrera no estuvo luego a la altura de lo esperado.

31. Hay cierto debate en Coney Island sobre cuál es la pista principal de *He Got Game* (1998), en la que Jesus Shuttlesworth —interpretado por Ray Allen—

la próxima estrella neoyorquina con pasaporte a la NBA. Algunos viajeros deciden comerse las veinte paradas de metro para conocer uno de los templos baloncestísticos de la ciudad en vez de acercarse al famoso parque de atracciones, que se levanta aquí al lado, a menos de un kilómetro. Coney Island, así es la vida, se ha hecho icónica.

Queda por saber —ahora que este antiguo gueto ya no lo es tanto, ahora que no es ni tan violento ni tan mísero— si los jugadores seguirán formándose aquí con el ahínco de décadas pasadas. Puede que aparezcan incluso más, espoleados por eso de que las mochilas con las que carga cada niño ya no son tan pesadas, por eso de que ya no hay tantos obstáculos en el camino. O quizás ya no existe la necesidad de jugarse la vida en las canchas. Las épocas del barrio como mina de basquetbolistas puede que se mitiguen.

Lo que seguro seguirá en pie serán las torres de Coney Island, recuerdo de los héroes del pasado. Del mismo modo que permanecerá como homenaje a los que perdieron la apuesta el mural dedicado a Jason Sowell ahí, en el cruce de Mermaid Avenue con la 25, a donde acabamos de llegar. A Jason Sowell, compañero de equipo y amigo íntimo de Stephon Marbury, enésimo candidato a dejar el barrio botando una bola desde el Abraham Lincoln, dos balas lo mataron en 1995. Tenía dieciséis años. Su rostro adolescente, inmortalizado en un grafiti, sobrevive hoy

juega un partido frente a su padre, un Denzel Washington que recordó en la grabación del film sus tiempos como jugador de la Fordham University del Bronx. Los locales de Nautilus dicen que la pista en cuestión es Nautilus. Los de The Garden, que es The Garden. No hay consenso posible.

como el símbolo de los que no pudieron resolver la ecuación.

Life's a bitch and then you die
That's why we get high
'Cause you never know
when you're gonna go[32]

Estos versos del rapero NAS en su icónico álbum *Illmatic*, crónica por excelencia de unos guetos que todavía existen, recordaban que en ellos cualquiera se podía ir en un plis. Como le ocurrió a Jason Sowell, como les ocurrió a otros. Por suerte, en Coney Island esas épocas se conjugan en pasado.

El sol se pone tras las torres de Nautilus. Los jubilados disfrutan, por fin, de la sombra. Bajo ella sigue el partido de los ocho niños, con el que reconectamos antes de irnos. El mejor de todos, el que maneja la pachanga, negro como todos en esta historia, hace gala del estilo autóctono de estas calles. Tiene flow, utiliza los mismos movimientos que firmaron antes que él Stephon Marbury, Lance Stephenson, Isaiah Whitehead. Quién sabe, puede que sea él quien tome el siguiente tren con salida en este barrio y destino en el baloncesto profesional.

Pero, ojo, algo llama la atención: su camiseta no es la de Marbury, la de Iverson, la de ninguna de esas otras estrellas salidas de los guetos. Referentes con vidas difíciles, como durante años fue la norma en Coney Island. El número es

32. La vida es puta y un día te mueres / por eso nos colocamos / porque nunca sabes / cuando te vas a ir.

el 77, el nombre de la camiseta de un chico esloveno, blanquito, sonriente, con cara inocente. Luka Dončić. Quizás sea una forma de decir que, en 2019, Coney Island ya no vive tan aislada.

Qué mejor noticia para despedirse de Nueva York.

CANADA
VERMONT
NH
MICHIGAN
SYRACUSE
SPRINGFIELD
NEW YORK
CT
RI
FLINT
LANSING
DETROIT
CHICAGO
BEAVER FALLS
NEW YORK
PENNSYLVANIA
TOLEDO
GARY
AKRON
ALIQUIPPA
NJ
MD
DE
INDIANA
OHIO
WEST VIRGINIA
VIRGINIA
KENTUCKY
NORTH CAROLINA
TENNESSEE
SOUTH CAROLINA
NORTH ATLANTIC OCEAN
ALABAMA
GEORGIA

II.
EL CINTURÓN DEL ÓXIDO

«SIEMPRE ES LA MISMA HISTORIA
SIETE TONELADAS DE METAL AL DÍA
Y AHORA, SEÑOR, USTED ME DICE
QUE EL MUNDO HA CAMBIADO
UNA VEZ QUE LE HE HECHO RICO
RICO COMO PARA QUE SE OLVIDE
DE MI NOMBRE.»

Bruce Springsteen, «Youngstown»

SPRINGFIELD YA NO ES TIERRA DE UTOPÍAS

Mediodía del 18 de junio en Springfield, Massachusetts, ciudad natal del baloncesto moderno. Donde de repente nos vemos envueltos en un torbellino de palabras.

Extasiado, un hombre llamado Rico Danielle nos atrapa con un largo monólogo dentro de la Mom and Rico's Specialty Market, su tienda de productos italianos en el centro de la ciudad. Cuando finalmente logramos poner un pie fuera del local, a través de la megafonía exterior Rico nos dedica una despedida y un buen viaje a todo volumen. Así suele anunciar las ofertas del negocio, también sus más dispares extravagancias. Algo que debe ser habitual porque los vecinos, poco sorprendidos, solo miran de reojo. Como diciendo, ¿otra vez, Rico?

Entre las soflamas, está su particular *leit motiv*: «*We all poo! Remember that we all poo!*». Todos cagamos. La versión escatológica del *liberté, égalité, fraternité*. Una frase que repitió unas veinte veces en las horas anteriores, durante ese soliloquio en el que mostró los rincones más llamativos de su persona, que son muchos y profundos. La mayoría de ellos relacionados con el juego del *bocce*[33], disciplina a la que Rico —parecido físico con Ralph Cifaretto de *Los Soprano*, acento italiano propio de haber nacido en un pueblito de Salerno llamado Bracigliano— atribuye propiedades curativas para la sociedad.

«Las familias ya no comen juntas, no comparten tiempo y ese es uno de los grandes males de la sociedad, pero se podría solucionar con el *bocce*; niños, padres y abuelos pueden jugar juntos, ¡no hay ningún deporte que se pueda practicar desde los quince años hasta los noventa y cinco salvo el *bocce*!». La exposición ganaba en dramatismo dentro de su tienda, sumida en un *horror vacui*. Paredes llenas de recortes de periódico, de fotos, de normas. Todo lo que uno pueda imaginarse sobre las bochas. Páginas de enciclopedia sobre sus orígenes en Italia, su expansión de la mano de los inmigrantes de este país. Campeonatos de sabe-dios-cuándo, trofeos por todas partes. Y dispersas, múltiples referencias a las más diversas obras *boccianas* de Rico.

Porque, así, por resumir, Rico ha escrito una novela —sobre el primer partido de *bocce* en la luna— y un ensayo —compendio enciclopédico sobre las bochas—, ha dirigido una película y creado una marca de vino —de nombre Bocce Bella—, ha embotellado agua y refrescos con el logo de su tienda bajo la marca Bocce Original Spring Water —a cada sabor lo representa un planeta con forma humana y de bola de *bocce* a la vez, algo que suena imposible pero no lo es—, ha ejercido como árbitro jefe de bochas en las Olimpiadas Especiales e incluso ha recibido

33. En español, las bochas, un juego similar a la petanca.

numerosos premios por su trabajo en pos de la cultura italoamericana a través, sorpresa, de las bochas. No acaba ahí: Rico lleva años formando parte de la concejalía de deportes del ayuntamiento de Springfield, desde la que ha presionado por la creación de pistas de este juego por la ciudad. Y no contento con todo lo anterior, es la cabeza visible de una organización creada por él mismo que publica sus propios libros y de la que es lícito sospechar que pueda ser su único miembro: la WWOBA, la Wonderful World of Bocce Association.

A simple vista, su caso podría ser diagnosticado como un brote aislado de excentricidad. Pero en Springfield, en esta región de los Estados Unidos conocida como Nueva Inglaterra[34], puede que sea algo más. No cuesta ver a Rico como la última entrada en una larga lista de personajes utópicos que han salido de esta tierra. En ella asoma James Naismith, que en 1891 inventó en esta ciudad el baloncesto moderno, motivado por la esperanza de cambiar la vida a través del deporte. Lo hacen asimismo los puritanos, fundadores de la vieja New England con la idea de moldear el mundo a su imagen y semejanza.

Puede también que Rico viva con un pie fuera de la realidad. Pero ver cómo de diferente ha tratado esta ciudad a su supuesta locura respecto a otras, como la del tal Naismith, sirve de introducción a lo que está por llegar. A la ruta por la vieja América industrial, el Rust Belt, el cintu-

34. Nueva Inglaterra une a seis estados de la esquina noreste: Massachusetts, Rhode Island, Vermont, Maine, New Hampshire y Connecticut. Todos ellos comparten el origen común de haber nacido bajo la influencia de esos colonos ingleses llamados puritanos.

rón del óxido, donde idealismos como el suyo cuentan con poca esperanza de vida.

El relato de cómo dimos con Rico comienza un día antes, el domingo 16 de junio. Tras días a ritmo de salsa, merengue y hip-hop, tocó decir adiós a Nueva York y hola a los Estados Unidos. Porque NYC funciona en este país como una ciudad-estado, nacida de una raíz histórica diferencial: ser la única colonia holandesa en Norteamérica. Un lugar independiente del resto del continente desde sus tiempos como New Amsterdam. Un lugar abierto a cualquiera que llegue dispuesto al negocio.

Antes de partir hacia Nueva Inglaterra, tan alejada culturalmente de la ciudad de Nueva York, una buena noticia: para recorrer los doscientos cincuenta kilómetros de ruta ya no hay que tirar de piernas, tampoco de bicicleta. *Habemus* vehículo. Una Dodge Grand Caravan del 2001, color plateado allí donde no lo carcome el óxido. Un tipo de coche que algunos definen como *soccer mum car*, es decir, el típico monovolumen en el que las madres rubias de película americana llevan a siete niños y niñas a jugar al fútbol, pero al que sustituyéndole dos filas de asientos por un colchón se le puede convertir en una furgoneta apañadita. El precio era tentador: 1200 dólares, rebajados luego a 1100 por su anterior dueño, un dominicano, como Luis Felipe López, del South Bronx.

Los primeros pasos de la Dodge fueron mejorables. Unos mecánicos de Bayonne, Nueva Jersey, confirmaron que el coche estaba en perfectas condiciones, siempre y cuando no pretendiéramos ir más allá de Bayonne. Solo otro técnico de la misma Bayonne —el gran Carlos Mejía, *unsung hero* del viaje—, hizo los arreglos necesarios para que, con suerte, llegue hasta California. «Yo creo que no habrá problema», afirmó no sin dudas.

Por ahora, el coche ha soportado el viaje hasta Springfield. El trayecto se inició con visita a alguno de los templos baloncestísticos del estado de Nueva Jersey, nueva fábrica de jugadores del área metropolitana neoyorquina. Primera parada: el mítico instituto de Saint Anthony en Jersey City[35]. Edificio clásico, de cuatro plantas y ladrillo visto, al que la decadencia ya amenaza: sus entradas y ventanas llevan cerradas a cal y canto desde que el centro fue clausurado en 2017. Siguiente parada, Saint Benedict, en Newark, cuna de Peter A. Carlesimo, de JR Smith y, por encima de todos, de la leyenda por excelencia del fútbol estadounidense: Claudio Reyna.

Dejamos NYC y su skyline se difuminó a nuestras espaldas, el cemento se fue transformando poco a poco en naturaleza. Hizo acto de presencia la lluvia, las variantes de cuatro carriles pasaron a ser nacionales de una sola vía. *New England vibes*. Vibraciones de Nueva Inglaterra. Pasamos por Storrs, sede de la Universidad de Connecticut, el mejor programa universitario de la historia del básquet femenino[36]. La alma máter de Rebecca Lobo, Swin Cash, Sue

35. El equipo de baloncesto de Saint Anthony fue la referencia en el estado de Nueva Jersey, con veintiséis campeonatos estatales de los treinta y nueve en los que participó hasta 2017 bajo la dirección del legendario entrenador Bob Hurley. Su periplo está narrado en el libro *The Miracle of St. Anthony*, de Adrian Wojnarowski, y en el documental *The Street Stops Here*.

36. La dominación de la Universidad de Connecticut en el campeonato femenino de la NCAA durante las últimas décadas es brutal: once campeonatos —el primero en 1995, el último en 2016—, veintiuna Final Fours en treinta y un años, cuatro temporadas en las que no conocieron la derrota y esa lista desmedida de estrellas que salieron de su campus. El registro de éxitos solo encuentra

Bird, Diana Taurasi, Maya Moore, Tina Charles, Breanna Stewart, Paige Bueckers. *You name it.*

Junto al pabellón Harry A. Gampel de las Huskies, en el extremo oeste del campus, nos alcanzó la noche. No hubo más remedio que aparcar. Correr las cortinas. Vigilar que nadie nos vigila. Y estrenar el colchón. El camping gas debutó también al día siguiente. Cafecito mañanero, curiosos que observan y unos huevos revueltos para hacer base. Penúltima parada antes de llegar a Springfield, pusimos rumbo al estado de Massachusetts tras el desayuno. A una de las capitales del baloncesto norteamericano: Boston.

Los Estados Unidos más urbanos asomaron de nuevo en la capital del estado, coto privado de los Boston Celtics. Fumamos un purito con la estatua de Red Auerbach[37], al lado de Faneuil Hall, desde donde Samuel Adams animaba a la gente a independizarse de los ingleses. Un paseo de quince minutos nos llevó hasta el lugar donde se levantaba el antiguo Boston Garden, el parqué más icónico del mundo. En las pantallas de los pubs y bares cercanos, los

parangón en el equipo masculino de UCLA (Universidad de California en Los Ángeles), que ganó diez campeonatos de la NCAA entre 1964 y 1975 bajo la dirección de John Wooden.

37. El legado de Red Auerbach es crucial para entender la historia no solo de los Boston Celtics, sino de la NBA en general. Por sus éxitos deportivos: nueve anillos como entrenador y siete como general manager *celtic*. Pero, sobre todo, por su labor pionera en la ruptura del veto que existía contra los jugadores afroamericanos en los años inaugurales de la NBA, fundada en 1947. Auerbach fue responsable de seleccionar al primer afroamericano en la historia del draft —Chuck Cooper, en 1950—, de alinear el primer quinteto inicial completamente negro —en 1964— y de nombrar, en 1966, a la leyenda Bill Russell como su sucesor en el banquillo del Boston Garden. Russell se convirtió así en el primer entrenador afroamericano en la historia de la liga.

vecinos de la ciudad seguían el partido de béisbol de sus Red Sox. Corrían las pintas de Samuel Adams, las alitas de pollo. La noticia deportiva del día, sin embargo, generaba cierto anticlímax: los Toronto Raptors estaban celebrando su reciente título de la NBA, logrado unos días atrás. Marc Gasol se bajaba varias cervezas de penalti. Toronto enloquecía con el primer anillo de una franquicia canadiense y los bostonianos se morían de envidia: sus Celtics, el equipo más laureado de la NBA, solo ha ganado un título en los últimos treinta y tres años. Y ahí están, esos malditos canadienses, con sanidad pública y todo, que ahora hasta nos ganan al baloncesto.

Salimos de Boston dirección oeste. La ciudad dejó paso a los suburbios. Casitas monas, jardines cuidados a la perfección, el coche híbrido aparcado a la entrada. Puede que lo único que no reluzca sean las vidas que se esconden ahí dentro, entre esas cuatro paredes. Como en *Revolutionary Road*. Dentro de la Dodge, la banda sonora la ponían Art Blakey, Grant Green y Lee Morgan. Llovía, y el cielo seguía cubierto cuando dejamos atrás cualquier atisbo urbano. Las luces de otros vehículos se reflejaban en las gotas que cubrían las ventanillas, filas de árboles escoltaban la carretera. Y unas tres horas después del paso por Boston, ya en la noche del 17 de junio, llegamos a Springfield.

Desde la circunvalación que rodea la ciudad se observa una panorámica con dos ambientes diferenciados. A la izquierda, una pelota de baloncesto, gigante, iluminada, que se levanta sobre el edificio del Basketball Hall of Fame. Es el símbolo que representa a James Naismith y a la invención de un juego originalmente basado en cestas de melocotones. A la derecha, el recatado paisaje urbano de la ciudad. Poco destacaba allí salvo un casino de la MGM construido recientemente, que se ha convertido en el epicentro de la escasa actividad nocturna de la ciudad.

Se cuenta por estas calles que el casino fue una forma de levantar una economía local en decadencia. Las industrias que daban trabajo murieron o emigraron de esta región hace años y Springfield se convirtió en otro pueblo fantasma más de la desindustrialización. Un pequeño paseo lo deja bien claro. Fuera del complejo de la MGM, numerosos locales comerciales del centro están abandonados. Nada se movía por el centro a las nueve de la noche salvo unos cuantos adolescentes descarriados en bicicleta. Los trabajadores de un restaurante chino que bajaban la persiana. Un par de lugares de comida rápida que ofrecían meterse en vena un poco de pizza y pollo frito. El resto de la vida nocturna se concentraba casi por completo en el casino.

No eran ni las once, pero nos fuimos a la cama de la Dodge. Springfield, la lluvia, todo obligaba a acostarse pronto. Las gotas seguían corriendo por las lunas traseras, emborronando las vistas al Salón de la Fama.

Es el 18 de junio, el cielo ya despejado, cuando entramos a la tienda de Rico Danielle. El objetivo era preguntarle a él, dueño de uno de los pocos negocios de la zona, acerca del casino. Pero el bueno de Rico comienza a hablar durante horas, como en trance, parapetado tras el mostrador de su establecimiento repleto de embutidos italianos, sobre los beneficios de las bochas. Mostrando un idealismo que parece innato en él. Con esa visión utópica que hace recordar a esos otros personajes clave en la historia de

Nueva Inglaterra. A los puritanos[38] que la fundaron. Al tal James Naismith, creador del baloncesto moderno.

Ambas historias cuentan con cierta relación. La primera se inicia en 1620, con el Mayflower y los pioneros puritanos que llegaron a Norteamérica. Tocaron tierra muy cerca de aquí, a dos horas en coche de Springfield. Desde ese momento, se dedicaron a instaurar en este pedazo de continente al que llamaron *New England* su particular utopía: el de una sociedad puritana.

La misión divina de los puritanos era convertir a Nueva Inglaterra en la *city upon a hill*, la ciudad en lo alto de la colina. Es decir, una sociedad basada en el ascetismo y el comportamiento virtuoso, un lugar elevado en el que el resto de la humanidad tendría puesta su mirada. Cuando esta se percatase de lo bien que les iba en Nueva Inglaterra, o esa era la teoría, todos seguirían el ejemplo de los píos puritanos. El paraíso llegaría a la tierra, Dios implantaría su reino de la mano de los puritanos.

Nunca sucedió. Para convertir aquella colonia en ejemplo inmaculado, sus élites consideraban que el virtuosismo debía alcanzar cualquier ámbito de la vida de todos y cada uno de los colonos de Nueva Inglaterra, muchos de los cuales no eran puritanos ni por asomo. Y dicho de otro modo, tal y como escribió el ensayista H.L. Mencken, el puritanismo devino en el «miedo a que alguien, en algún sitio, se lo pudiese estar pasando bien».

38. El puritanismo era una escisión calvinista de la iglesia anglicana. La formaban, en su mayoría, burgueses del sur de Inglaterra hasta el moño de que los reyes de su país no se hubiesen separado del todo del catolicismo. Algunos de ellos decidieron emigrar a Norteamérica, buen lugar por aquel entonces para empezar de cero.

La utopía logró sobrevivir unos años, integrismo religioso y limpiezas étnicas mediante, aunque no demasiados. Nadie estaba para tanto virtuosismo en un territorio cuyas normas estaban por construir, que ofrecía libertinaje a espuertas. No obstante, el puritanismo sí logró dejar un rastro notable en el futuro de Nueva Inglaterra y de todo el país. El mito de la ciudad sobre la colina, la idea de ser el pueblo elegido, ha guiado de una forma u otra la política interior y exterior del país hasta el presente. La importancia que le otorgaban a la educación hizo que las mejores y primeras universidades estuvieran aquí, en Nueva Inglaterra, fundadas por ellos: Harvard, en 1636; Yale, en 1701. Su arquetipo de sociedad tuvo un peso clave en la Guerra de Independencia frente a Gran Bretaña, luego en la Guerra Civil. Y quizás por encima de todo, su carácter ascético pero capitalista convirtió a la región y su área de influencia en el principal polo industrial del continente. Springfield representó dicho carácter como pocos lugares, convertida en cuna de la innovación, una Silicon Valley de finales del siglo XIX.

Por eso, para cuando James Naismith llegó a Springfield en 1890 con su particular idea utópica sobre el deporte, el ambiente era el propicio para que surgiese algo grande, algo como lo que acabó por pasar. Esta ciudad que hoy se ve mustia era un lugar donde surgían ideas revolucionarias. *The city of the firsts* la llamaban, en honor a todos los inventos patentados en ella. Y Naismith, de rebote, llegaba con su maleta cargada de lo necesario para añadir otra muesca a esa lista.

El padre del baloncesto moderno había nacido en 1861 en Ontario, Canadá, precisamente el país que no ganó su primer título de la NBA hasta este 2019. Su relación con el deporte le venía de joven. Alternaba el rugby con la gimnasia, el hockey sobre hielo con el fútbol y el patinaje. Todo ello con un juego que acabaría por ser crucial en su historia: el *duck on a rock*. Este era una versión del pillapilla en el que librarse de apandar dependía de si uno acertaba lanzando una piedra contra la piedra del *defensa*, que se colocaba a cierta distancia. Naismith y sus amigos habían descubierto que se necesitaba darle cierta parábola a la piedra para acertar. La idea permaneció en su cabeza, como las latas que se guardan en la despensa esperando los días de hambruna. Racurriría a ella treinta años después, en Springfield.

Su llegada a Nueva Inglaterra fue un cúmulo de casualidades. Cristiano protestante y practicante, Naismith había decidido en la adolescencia dedicar su vida a la religión, a ayudar al prójimo. Se marchó a Montreal con la idea de estudiar teología y ordenarse como pastor. Dejó de practicar el rugby, el fútbol, el hockey, lo que fuese, por eso de que no estaban muy bien vistos entre la comunidad protestante. Pero un buen día, centrado en sus estudios, apartado de la actividad física, unos compañeros de la universidad lo invitaron a echar un partido de rugby. Necesitaban un jugador más, no podía hacerles el feo. Con el tiempo, hablaría de una especie de epifanía. De que en ese preciso momento, debido a un lance del juego, se dio cuenta de que había mejores formas de ayudar al prójimo que rezando. Que la suya era el deporte.

La metamorfosis en la visión religiosa de Naismith se dio en el momento preciso. Justo en esos años, la YMCA (Young Men's Christian Association) había abierto una delegación en Montreal. El objetivo de la organización era implantar los valores del cristianismo a través de la actividad física, lo mismo que buscaba Naismith. Dos medias naranjas se encontraron. Y con el propósito de que el canadiense finalizase su formación como monitor deportivo, la YMCA de Montreal envió a James Naismith a trabajar como profesor en otra de sus nuevas facultades: el Springfield College, en Nueva Inglaterra, Estados Unidos.

Consecuencia de las cadenas de casualidades que suelen ser las historias de la historia, el último eslabón de este relato apareció durante el invierno de 1891, un invierno frío, nevado, hostil como cualquier otro en el noreste. James Naismith recibió el encargo de tutelar a una clase de adultos del Springfield College. La gimnasia tradicional los había aburrido, era necesario reengancharlos al ejercicio físico con un juego nuevo, entretenido, que se pudiese disputar a cubierto. Que evitase el contacto físico del rugby y el lacrosse. Tras darle vueltas, salió del paso como pudo. Ideó un juego consistente en meter una pelota en dos cestas de melocotones. Las reglas originales se basaban en algo similar al *duck on a rock*, aquello con lo que él y sus amigos pasaban el tiempo en Ontario. Anotar, les explicó a sus alumnos, sería más fácil si intentaban hacerlo con la parábola que él puso en práctica de pequeño.

A los meses, en el primer partido de baloncesto moderno del que se tiene constancia, Naismith añadiría seis nuevas reglas a las siete originales. Trece en total. Le sugirieron que lo bautizase como *Naismith Ball*. El nombre que triunfó y pasó a la historia fue otro: *basketball*.

Las trece normas se propagaron al instante de la mano de las publicaciones mensuales de la YMCA. En 1897 ya estaban en unos cincuenta clubes atléticos. En 1900 en muchos campus universitarios. El Ejército y la Marina de unos Estados Unidos en plena expansión militar y las diferentes sedes mundiales de la YMCA lo llevaron más allá de las fronteras del país. Para la década de los veinte, el *basketball* había llegado a Europa, Oceanía, Oriente Medio, Latinoamérica, China y Japón. Confirmación definitiva del éxito, menos de cincuenta años después de su invención, debutaba como disciplina olímpica en los Juegos de Berlín de 1936.

El partido por la medalla de oro fue un paradigma del final feliz. James Naismith, allí presente, fue homenajeado en las gradas del Olympiastadion de Berlín. La final se disputó entre Estados Unidos y Canadá, el país de nacimiento del deporte frente a la tierra natal de su creador. Fue un brindis por el tipo que había inventado un juego y vivió lo suficiente para ver su primera aparición olímpica en directo. Por Nueva Inglaterra. Por Springfield. Momentos de júbilo en los que era imposible advertir que se avecinaba un giro de ciento ochenta grados. Que el noreste industrial de los Estados Unidos, nacido al rebufo de New England y apuntalado por el New Deal de Franklin D. Roosevelt[39], entraría en decadencia a las pocas décadas. Sonaría a locura, pero así fue.

39. El New Deal implementado por la administración Roosevelt fue un momento clave en el siglo XX de los Estados Unidos. A raíz del descalabro provocado por el crac del 29, las políticas del New Deal combatieron la crisis con la aparición del estado de bienestar en los Estados Unidos —pensiones, seguros por desempleo, reforma impositiva, derechos sindicales—, la inversión en infraestructuras y la aplicación de restricciones a Wall Street. Fue también el principal motivo por el que el Partido Demócrata se convirtiese, durante las siguientes décadas, en el partido de la clase trabajadora estadounidense.

Hoy, las matrículas de coche en Massachusetts portan el lema *The Spirit of America*. Evocan ese pasado de utopías e invenciones. Pero las épocas doradas de la región quedan lejos. En el último cuarto del siglo xx, Springfield y otras urbes de Nueva Inglaterra entraron en decadencia. El progreso se les escapó de forma paulatina pero irremediable, como los granos en la parte superior de un reloj de arena.

James Naismith falleció en 1939. Tenía setenta y ocho años. No pudo ver cómo el baloncesto se convertía en un fenómeno de masas global, desmelenado a base de ritmo negro. Tampoco presenció el desmembramiento del noreste industrial. Desde Springfield hasta Minnesota, pasando por Chicago, Cleveland, Pittsburgh, Detroit, Gary, Saint Louis o Cincinnati, el norte que había derrotado al sur esclavista en la Guerra Civil, que alimentó en parte el músculo económico norteamericano, ese que se decía el espíritu de Norteamérica, entró en estado comatoso.

Fue una historia de gobiernos que dieron vía libre al desgobierno, obreros cornudos y multinacionales infieles que a partir de la década de los sesenta se fueron a buscar a pueblos más pobres, más explotables. Y a base de capitalismo salvaje y deslocalización, las fábricas y los barrios trabajadores del Rust Belt[40] dieron paso a pueblos y distritos abandonados a su suerte. A ciudades de locales abandonados, como esta Springfield de 2019.

40. Ojo, barrios trabajadores y organizados en sindicatos, pero que vivían en condiciones paupérrimas, bajo sistemas racistas muchísimo más descarnados que los actuales. Que eso de la nostalgia desmedida del pasado, ya se sabe, siempre resulta peligroso.

A lo que comenzaba ya a ser un páramo para las utopías llegó Rico Danielle en 1954. Tras conocerlo, cabe preguntarse si una de sus principales diferencias con aquel James Naismith que llegó a Springfield en 1890, entre lo relativo del éxito y lo triste de ser objeto de compasión, entre las etiquetas de genio y loco, sean factores ajenos a ambos. El contexto que a cada uno le tocó vivir. Las casualidades y causalidades. Ellas convirtieron a Rico en un predicador en el desierto con sus famosas bochas. Ellas llevaron la vida de Naismith a recorrer las etapas perfectas para llegar a una Springfield boyante, donde parecía que cualquier idea era posible, por extravagante que fuese. Donde incluso un juego basado en cestas de melocotones se podía convertir en fenómeno mundial en cuestión de años.

Pese a todo, Rico Danielle es un tipo alegre, de sonrisa eterna. Es terco en su creencia de que el mundo puede cambiar a mejor gracias al *bocce*, a todo lo que esté en su mano. Cuenta que ha decidido mantener los bocadillos del Mom and Rico's al mismo precio que cuando abrió la tienda, en 1978. Dos rebanadas de pan llenas de queso y mortadela: 1,75 dólares. «Nunca lo subo porque así el que no tiene nada para comer se lo puede permitir». Y su frase: «*We all poo*». «Porque todos tenemos que hacer algo para mejorar esto.»

Antes de despedirse por megafonía y llamar la atención de un barrio que lo quiere pero no lo entiende, todavía riéndose aunque ya un poco menos, Rico deja otra frase de regalo. El que podría ser el epitafio de muchos sueños en esta tierra de fábricas abandonadas: «No hace falta que me lo digas, sé que necesito ir al psiquiatra».

Tras dejar Mom & Rico's atrás, nos dirigimos al Naismith Memorial Basketball Hall of Fame. El lugar que homenajea el nacimiento de este deporte, donde toda leyenda da su último paso. En septiembre de este 2019 será el turno de Teresa Weatherspoon, Vlade Divac y Sidney Moncrief, que aumentarán a cuatrocientos uno los miembros del selecto club. Hay visitantes por todos lados. El museo es un homenaje constante al básquet y, sobre todo, una delicia para amantes de las camisetas y las zapatillas. Observamos embelesados equipaciones y *sneakers* icónicas de todas las épocas y todo tipo de objetos, informaciones sobre los grandes nombres y los momentos clave de la historia del baloncesto. Del propio Naismith a Senda Berenson Abbott[41], de George Mikan y Bill Russell al Showtime, Michael Jordan, Lisa Leslie, Sue Bird y los Warriors. Incluso hay una pista donde uno se puede echar sus tiritos. La tienda de recuerdos de rigor, claro. Y un Subway, con sus bocadillos a cuatro dólares, un poco más caros que los de Rico.

En realidad, todo en el Naismith Basketball Memorial Hall of Fame es como lo que ha soñado Rico para sus bochas. Solo que un poco más caro.

41. Senda Berenson Abbott, nacida bajo el nombre de Senda Valvrojenski en la actual Lituania, está considerada como la precursora del baloncesto femenino. Junto a su familia, Berenson emigró de muy joven a Nueva Inglaterra, donde estudió educación física y se convirtió en profesora de gimnasia sueca del Smith College de Northampton, Massachusetts. En 1892, cuando buscaba un deporte con el que motivar a sus pupilas del Smith College, las reglas de aquel deporte primigenio inventado por Naismith llegaron a sus manos. Lo probó con sus alumnas. Y de ahí, hasta hoy.

THIS IS WHAT WE DO IN FLINT

19 de junio en Springfield, Massachusetts. Las bochas de Rico todavía retumban en la cabeza. Comienza, por fin, el viaje; el de verdad. El que se va a apartar de autovías para llegar hasta California a base de paciencia, suerte, baloncesto y carreteras secundarias.

Springfield en el retrovisor, el morro que apunta dirección noroeste. Primera noche junto a los Finger Lakes, al norte del estado de Nueva York. Veraneantes blancos, veleros, mansiones de madera con vistas al lago. Dormimos en el bosque y, uy, espera, qué es eso. Un ciervo. Dos, tres, cuatro. La naturaleza, que campa a sus anchas en este país.

Pasamos por la mítica Universidad de Siracusa, siempre vinculada con ese gen baloncestístico neoyorquino. Los Orangemen saltaron a la fama nacional en los ochenta con los crossovers mortales de Pearl Washington, producto del mismo Boys High School de Brooklyn que Héctor Blondet. Años más tarde, la consagración del centro llegó de la mano de otro brooklynite: Carmelo Anthony. Nacido en el barrio neoyorquino de Red Hook, el alero y su básquet de seda le dieron a Siracusa su único título de la NCAA. Fue en 2003, justo antes de que Melo asaltase la NBA. Su número 15, inmaculado desde aquel día, todavía cuelga del techo de este Carrier Dome.

Tras Siracusa, carretera y más carretera. La Dodge se adentra en el Allegheny National Forest de Pensilvania. La ruta 666 —no es broma— se convierte en un túnel entre árboles. Velada entre hayedos, águilas calvas y los primeros atisbos de la América interior[42]. Seguimos.

Dos días y casi mil kilómetros después de salir de Springfield, el 21 de junio, nos adentramos ya de lleno en el Rust Belt. Primero en las pequeñas localidades de Beaver Falls y Aliquippa; decadentes, olvidadas, rebosantes de estructuras vacías, pero patrias chicas de dos de los símbolos más pop que tuvo el deporte norteamericano. Porque Beaver Falls suena a Joe Namath, prototipo original del quaterback guapete, seductor, que sobrada va sobrada viene ganó la SuperBowl III con los New York Jets. Y Aliquippa evoca a un tal Pete Maravich —apunten el nombre porque saldrá más adelante—, que melena al viento como su ídolo, pósteres de Namath colgados en su habitación, apuntó desde niño a la categoría de leyenda del baloncesto.

El calor se ha ido tornando en insoportable según nos alejamos de los bosques de Allegheny. El aire acondicionado de la Dodge, ahora se desvela, no funciona. Cruzamos la frontera de Pensilvania y un cartel amenaza con

42. Tradúzcase «Atisbos de la América interior» como «grupo de borrachos con gorras, camisas de cuadros y símbolos confederados que se pasan la noche lanzando hachas contra árboles, ahí, a unos metros de donde dormíamos tan plácidamente».

eso de *Welcome to Ohio*. A los pocos minutos, llegamos al extrarradio de una de las ciudades más paradigmáticas de los Estados Unidos postindustriales: la Youngstown de la canción de Bruce Springsteen.

Tras cruzar una ciudad en coma inducido, las estampas se vuelven monótonas, anodinas. Praderas a la izquierda, praderas a la derecha. Ahora unos cables de alta tensión, ahora un pueblo. Praderas a la izquierda, praderas a la derecha. Hasta que llegamos a Akron, soplo de aire fresco en este cinturón del óxido.

El desahogo no tiene nada que ver con el clima, porque Akron es tan calurosa o húmeda en verano como el resto del Medio Oeste[43]. Se trata del contexto social. La ciudad es una excepción al extenso grupo de poblaciones deprimidas de la zona, donde la nostalgia de tiempos supuestamente mejores ha sido gasolina para proyectos políticos a la derecha de la derecha. Para los de Richard Nixon, George Wallace[44], Ronald Reagan. Para el de Donald

43. El Midwest es la región del centro norte de los Estados Unidos formada por doce estados — Illinois, Indiana, Iowa, Kansas, Míchigan, Minnesota, Missouri, Nebraska, Ohio, Wisconsin y las dos Dakotas— y un paisaje común: las planicies que ocupan el espacio entre las montañas de los Apalaches al este y las Rocosas al oeste.

44. Exgobernador de Alabama y candidato a la presidencia en 1968, George Wallace fue un político que enarboló el racismo sin complejos como gancho electoral. Entre sus grandes éxitos está la frase «*segregation now, segregation tomorrow, segregation forever*» en defensa de la segregación racial; el intento de impedir el paso de estudiantes negros a la Universidad de Alabama; o el del concepto de *ley y orden*, su legado más longevo en la política estadounidense. La del *law and order* es una estrategia que busca apelar al votante blanco a través de prejuicios racistas sobre los afroamericanos, disfrazándolos de una defensa de la seguridad ciudadana. Richard Nixon, Ronald Reagan, George W. Bush o el propio Trump han sido algunos de los alumnos aventajados de esta escuela.

Trump, que buscó alimentar o se alimentó del resentimiento de la vieja clase trabajadora blanca. ¿Culpables los magnates como yo de vuestra decadencia? ¿Culpable el capitalismo salvaje? ¿Culpable la desigualdad entre clases que formó parte de la misma fundación de este país? ¿Culpables los ridículos impuestos que pagamos los ricos, los paraísos fiscales, un estado de bienestar desaparecido, las compañías financieras que os tratan como números? *Nah*, culpables los que tienen la piel de otro color. Los mexicanos sin papeles, los negros que viven de ayudas, los chinos que fabrican barato.

Ese mensaje no tuvo tanto tirón entre los doscientos mil habitantes de esta urbe, que semeja una isla en un mar de deterioro. Sí tuvo Akron una época crítica, en la que fue otro lugar más abandonado a su suerte, cuando el sector del neumático que reinaba en esta zona se fue al garete[45]. Pero cosa poco habitual por estos lares, revivió. En el siglo XXI atrajo una nueva economía centrada en la industria de polímeros y en la innovación. Y hoy, rejuvenecido, su rostro no parece decrépito. No tiene ojeras, ni marcas, ni pellejo. Es la antítesis a mucho de lo que la rodea en el Rust Belt.

Ese nuevo cuadro se pinta a brochazos gordos en el centro de la ciudad. Calles desangeladas como consecuencia de épocas pasadas sumidas en un continuo proceso de renovación, actividad que no cesa. Todo el día martillos neumáticos *tuctuctuc*, excavadoras *tactactac*. Albañiles y operarios del ayuntamiento que trabajan día y noche para

45. Goodyear, Goodrich y Firestone tuvieron algún día su base en Akron, conocida por aquel entonces como *Rubber City* o *The Rubber Capital of the World*.

recuperar edificios históricos. Se levantaron nuevas construcciones, el asfalto de las avenidas se renueva. La sensación es que la ciudad, por fin con dinero en la cartera, se viste de gala para ir a cenar fuera.

El espíritu rejuvenecedor toma también el barrio de Highland Square, al noreste. Es la noche del sábado 22 de junio y hay ambiente en cada calle. Restaurantes de todo tipo, gente joven y no tan joven, aspectos alternativos, cafeterías hípsters. Conciertos de una potente escena local de hardcore en el Annabell's Bar & Lounge[46], donde los bolos finalizan a altas horas. Más o menos cuando el cantante de la última banda —con sus dilataciones, sus tatuajes, su torso desnudo— se tira al público para que este lo lleve en volandas pegado al techo del angosto garito mientras la gente hace pogo y vuela la cerveza. Hardcore, en definitiva.

Y pese a toda esta vida, nada ha puesto cara a la nueva Akron como LeBron James, el tótem del básquet en el siglo XXI, nacido en el Akron General Hospital en 1984[47] de una madre de dieciséis años y de un padre bala perdida, representa desde entonces el devenir de la ciudad. Las referencias a King James son constantes, una especie de continua llamada al cambio en esta urbe en reformas.

46. En la década de los setenta alcanzó cierta relevancia a nivel nacional el sonido Akron, una escena local de post-punk y new wave. En la actualidad, The Black Keys son el grupo de Akron más reconocido a nivel internacional.

47. Tan solo cuatro años después, en ese mismo Akron General Hospital en el que nació LeBron James, vino al mundo Stephen Curry, cuyo padre, Dell Curry, jugaba por aquel entonces para los Cleveland Cavaliers. Para cualquiera que quiera probar suerte para hacer de su futuro hijo o hija una megaestrella del básquet, ahí tienen la dirección: 1 Akron General Ave, Akron, OH.

Entre las obras del centro, un cartel de varios metros de ancho recuerda que LeBron llevó a los Cleveland Cavaliers en 2016 al primer título de una franquicia deportiva de dicha ciudad y su área de influencia desde 1964, año en el que los Cleveland Browns ganaron un ya lejano campeonato de la NFL. En Highland Square, reino de hípsters y hardcoretas, sus camisetas las llevan tanto los niños como los últimos en salir de los conciertos. Y en West Market Street, la avenida que conecta ambos puntos, nos topamos con el St. Vincent-St. Mary High School, el instituto desde el que LeBron James, dieciocho años por aquel entonces, dio el salto a la NBA en 2003.

Atravesamos la entrada principal de este instituto, católico y mayormente blanco, custodiada por una gran cruz celta. En 1999, cuando LeBron y tres de sus amigos decidieron cruzarla por primera vez, nada volvió a ser igual por aquí. El campo de fútbol americano presenta un césped cuidado a la perfección, dejando claro que este es un centro para la clase alta a no ser que seas muy bueno en algún deporte. Desde este césped, James llevó al equipo a unas semifinales estatales en 2002, apuntando lo que podría ser un futuro en la NFL. Pero el de Akron dejó incluso más huella en la cancha de baloncesto, rebautizada hoy como LeBron James Arena. Nos abren su portón. Y ahí arriba, en estandartes y banderas, tres de los campeonatos de Ohio que LeBron ganó en sus cuatro temporadas aquí. Campeonatos nacionales. Un largo etcétera de premios individuales y colectivos.

Aun así, ni siquiera la de su antiguo instituto es la huella más profunda que LeBron ha dejado en su ciudad. Esta se encuentra a unos metros del St. Vincent-St. Mary. En un edificio de tres plantas, ladrillo visto, torre con reloj en el centro. La IPromise School. El colegio que la LeBron James Family Foundation levantó aquí en el verano de 2018. Otro motivo más en el soplo de aire fresco que Akron supone en el cinturón del óxido.

Marcado por una infancia difícil, James colocó los cimientos de este proyecto en 2011, cuando prometió disminuir la tasa de abandono escolar entre la población más desfavorecida de Akron. Inició para ello el programa IPromise, del que entraron a formar parte niños en riesgo de exclusión de toda la ciudad. La LeBron James Family Foundation comprometió con ellos una gama importante de ayudas académicas y económicas: financiación para actividades extraescolares, programas de ayuda en las escuelas, excursiones, becas universitarias, clases de apoyo académico para los padres y un largo etcétera de beneficios. Todo valorado en unos cuantos millones de dólares al año.

Con todo, los primeros años de IPromise mostraron que por logística, también por evitar diferencias de trato dentro de las escuelas, lo ideal sería juntar a todos los becados en un mismo centro. Iba a costar dinero, mucho, pero qué es eso para LeBron James. Su fundación y la institución de escuelas públicas de Akron iniciaron así la centralización de su trabajo conjunto en un único espacio. El lugar escogido fue este edificio en el número 400 de West Market Street, a medio camino entre el centro y el barrio de Highland Square.

En ruta hacia el noroeste desde Akron, el calor y la humedad se han ido tornando un poquito más angustiosos a cada paso. El termómetro que lleva incorporado la Dodge aumenta una cifra. Y otra. Y otra. Y otra. Y así hasta el infinito.

El 24 de junio atravesamos Toledo, Ohio, hipérbole del declive industrial del Medio Oeste. Chimeneas oxidadas, barrios sin alma, el lago Erie con su agua contaminada. La siguiente parada es Ann Arbor, ya en el estado de Míchigan, tierra de los Fab Five[48] y caso opuesto al de Toledo. Sede de la Universidad de Míchigan, Ann Arbor es la muestra de una verdad inexorable en esta región: aquí solo han sobrevivido los enclaves reconvertidos, los que ahora viven del sector servicios. Se ven estudiantes universitarios, museos de arte, cervecerías artesanales, gente de pícnic junto al río Hurón. Hasta aparecen siete turistas gallegos que hacen un alto en su viaje desde Chicago a las cataratas del Niágara para conocer el Michigan Stadium, el estadio más grande de Estados Unidos y sede del equipo de fútbol americano de la Universidad de Míchigan. Solo uno de ellos se emociona al verlo. Los otros seis se aburren, miran el reloj, esperan. Este, que nos ha liado, confiesan.

Pasamos la noche en Detroit, ciudad distópica por excelencia, donde barrios de descampados se mezclan en cuestión de metros con estructuras futurísticas, con esos infames vagones a pedales que transportan turistas bebiendo birra y haciendo bici con música mala a todo trapo. Donde

48. Los Fab Five —Chris Webber, Jalen Rose, Juwan Howard, Jimmy King y Ray Jackson— fueron un icónico grupo de jugadores de la Universidad de Míchigan, pioneros del rollo hip-hop en el básquet universitario. Su leyenda es negra: perdieron dos finales consecutivas de la NCAA, la segunda por un error de Webber al pedir un tiempo muerto cuando el equipo ya los había agotado.

alguien nos entra a robar en la furgoneta para llevarse un preciado botín: un camping gas, dos botellas vacías de propano, cachitos de una luna trasera rota.

¿Dónde estará Robocop cuando se le necesita?

El calor se mantiene el 25 de junio al pasar por Auburn Hills, con el viejo Palace aguardando su demolición[49]. También al día siguiente, viernes 26, cuando cuatrocientos kilómetros después de salir de Akron, aparecemos por Flint, pequeña ciudad que tenía reservada la última bala del fusilamiento climático.

Es mediodía. Las calles de esta pequeña urbe están desiertas de peatones. El asfalto quema, con solo respirar se transpira, solo se mueven los coches. Los que conducen —ventanillas subidas, aire acondicionado activado— se protegen del pegajoso mundo exterior. Aquí, en la zona cero de la desindustrialización, el verano impacta de la misma forma que lo hacen las tragedias: con virulencia, sin tregua.

El relato común del cinturón del óxido se llevó al extremo en Flint. La ciudad vivió años boyantes junto a su vecina Detroit. Flint presumía en los años sesenta de tener la renta media más alta del país entre la población joven. El dinero fluía, el asueto también. Ser negro y ser pobre seguía siendo una faena, pero quizás menos que en otros lugares. Había música, libertad, sueños de igualdad.

49. The Palace of Auburn Hills fue la sede de algunos de los mayores éxitos deportivos de la ciudad de Detroit. Primero con los noventeros Detroit Pistons de la NBA, aquellos chicos malos que repartían estopa por doquier y, entre mamporro y porrazo, ganaron dos anillos. Luego, cuando el más sanguinario de todos ellos, Bill Laimbeer, se hizo entrenador de la WNBA y ganó tres anillos dirigiendo a Katie Smith, Deanna Nolan o Ruth Riley en las Detroit Shock.

Detroit, Saginaw o Flint eran los maniquís mejor vestidos, el orgullo en el escaparate del modelo capitalista estadounidense.

Hasta que llegó el tsunami. Y su capacidad de destrucción fue aquí inusitada. Las firmas automovilísticas norteamericanas se fueron progresivamente al tacho. De su mano, como Detroit, como Saginaw, se fue Flint. El maniquí acabó despedazado en la trastienda. Un brazo por aquí, el otro mirando para allá. La cabeza del revés. A resguardo de los que transitan por la calle.

Un paseo por la urbe basta para ver las cicatrices, algunas de ellas todavía abiertas. Más allá del centro comienzan los edificios abandonados, los barrios sin gente. Porque Flint ha sido durante años sinónimo de drama, violencia y pobreza. Y frente ese estigma, uno de los pocos asideros que ha tenido la ciudad ha sido el deporte. Un escape que se ha representado en boxeadoras, jugadores de fútbol americano, basquetbolistas. En niñas y niños que dedicaron su tiempo y sus sueños a una bola en vez de a verse absorbidos por esas cicatrices. En una frase que se repite por todo Flint.

«*This is what we do*.»

Esas cinco palabras esconden una identidad colectiva forjada en torno a lo cara que es la vida aquí, a lo que cada uno hace para alejarse de tanto desbarate. Y en las conversaciones con los vecinos en las que siempre asoma dicha frase, poco tarda en hacerlo también el epicentro de esa cultura a la que hace referencia. Su *Meccah*. Un edificio localizado en el 3300 de Saginaw Street, al norte de la ciudad, allá donde los dramas fueron más exacerbados y sus calles son más negras: el Berston Field House.

Pabellón del que mana gran parte de la historia deportiva de esta ciudad, desproporcionada para sus escasos cien mil habitantes. Allá donde todos han insistido en que vayamos.

«You gotta go there, you gotta go to Berston.»

La Dodge aparcada en el centro, caminamos hacia el norte de la ciudad. Cruzamos extensos tramos de nada. Descampados descuidados, estructuras de hormigón solitarias, aceras por las que nadie pasea. Cogemos Saginaw Street. Derecha en Hamilton Avenue, izquierda en North Street. Descanso bajo los robles dispersos de Oak Park, primer refugio ante un sol que mata. Continuamos.

Cuarenta y cinco minutos después de salir del centro, a mano derecha, damos con la máxima expresión del vacío. Una enorme pradera de cemento, sin más decoración que las hierbas que agrietan el suelo, las vallas metálicas que lo rodean. Una patrulla de la policía circula alrededor de la explanada. Vigilan que nadie entre a un lugar donde no queda nada que vigilar. A unos pasos, broma macabra, una señal a medio caer muestra un nombre paradójico: Industrial Avenue.

El declive de Flint es tan patente que se puede resumir en tres fotografías. Esta es la principal, la portada. Sobre esta estepa se levantaba hasta hace no demasiado Buick City, el sistema de fábricas propiedad de General Motors, corazón infartado de la ciudad. Ochenta mil vecinos eran empleados de este conglomerado automovilístico en 1978. La mayoría de ellos aquí, en Buick City. Hoy, en vez de factorías, queda el vacío. Explicación gráfica para el hecho de que Flint haya perdido casi la mitad de su población desde 1970.

Segunda fotografía. A mano izquierda vemos el barrio que se abre justo frente a Buick City: un kilómetro cuadrado de parcelas para lo que fueron viviendas unifamiliares. Hoy permanecen las vallas de madera que acotan los terrenos, cachos de madera descuajaringados. Poco más. Ya no están las casas victorianas que se levantaban aquí, propiedad de las familias atraídas por el auge de Buick City. Una vez la industria entró en declive, los que las habitaban se marcharon y la construcción acabó por venirse abajo, o por quemarse. De lo que eran viviendas de un barrio próspero queda el monte descuidado, una valla a medio caer, los cimientos abandonados de una casa. Solo faltan las carcajadas fantasmagóricas de las familias que ya no están.

Seguimos a pie, dirección a ese Berston Field House del que todo el mundo ha hablado. Las aceras han perdido terreno ante las zarzas. No nos cruzamos con nadie por un terreno desolado, casi postapocalíptico. Hasta que una señora afroamericana grita desde el porche de una de las pocas viviendas habitadas:

—*Are you OK?*

—¡Sí! ¿Por?

—Porque es muy raro ver a alguien paseando por aquí.

—¿Raro?

—Sí, debe ser la primera vez que vemos a un blanco paseando por aquí en veinte años[50] —comenta otro vecino

50. Cosas del *white flight*, proceso urbanístico y social clave para entender los Estados Unidos del siglo XX. El *white flight* fue un cambio en el imaginario norteamericano tras la Segunda Guerra Mundial por el que se pasó a vender el ideal de familia blanca, jardín y banderita en el porche. Asustadas ante el bombardeo de noticias que dibujaba los barrios negros o emigrantes como agujeros de delincuencia de los que había que escapar, las clases medias de ascenden-

del barrio que, sentado a su lado, ve pasar la tarde junto a ella.

La anciana ofrece desde su silla mecedora una botella de agua de plástico. La extrae de una nevera portátil. De esta forma sutil representa la tercera fotografía. La otra cicatriz de las heridas de Flint: la de la crisis del agua de 2014. Comenzó esta con un ayuntamiento en quiebra que ya no tenía a quién cobrarle impuestos desde que la mitad de la población hubiera huido hacia nuevos destinos. Fue entonces cuando decidió recortar gastos mediante un cambio en el abastecimiento público de agua. La operación provocó que esta contrajese un exceso de plomo, envenenándola. Miles de niños se vieron expuestos a un consumo que les puede dejar secuelas de por vida. Doce personas murieron en un brote de legionela. Un número indefinido sufrieron enfermedades relacionadas con esta negligencia. La mayoría de ellos afroamericanos, en la actualidad el 56% de la población de Flint. Injusticia social, racismo estructural. Enfermedades crónicas de la sociedad estadounidense que contaminaron las tuberías públicas de Flint.

Hoy, aunque en teoría apto para el consumo, el suministro tiene un sospechoso color amarillento. De ahí que muchos sigan utilizando agua embotellada. De ahí que en las puertas de las casas se acumulen bolsas de basura

cia europea dejaron los centros urbanos para retirarse a los suburbios de las afueras. Fue una segregación por raza *de facto*, sustentada desde gobiernos, empresas e inmobiliarias. La razón por la que —al menos hasta que los centros de las ciudades volvieron a estar bien considerados— muchos centros urbanos fuesen casa del lumpen y las minorías desfavorecidas.

gigantes, repletas de botellines de agua vacíos. Como el que la vecina acaba de sacar de la nevera.

Hidratados, listos para finalizar el camino, echamos de nuevo a caminar. Otros diez minutos. Al fin, tras más de una hora a pie, llegamos al 3300 de Saginaw Street, una construcción de dos plantas con aspecto de edificio oficial, universidad o vieja mansión. Bajo la que, sin embargo, se agazapa un centro deportivo, el Berston Field House.

Custodia su entrada la imagen de una de las mejores boxeadoras de la historia del país, símbolo de este centro: Claressa Shields[51]. Dentro, el calor y la humedad golpean de nuevo, más fuertes que en el exterior, al estilo de uno de sus ganchos. Desde la recepción se ríe Sheila, gestora del polideportivo. «Por eso aquí se entrena tan bien, porque el calor hace que sea un lugar muy duro.» Comienza a explicar el simbolismo de The Mecca en Flint, el porqué de que todo el mundo hable de este lugar. Menciona a algunos de los nombres propios en la historia deportiva de la ciudad que han pasado por aquí. Claressa Shields. Los Flintsones[52]. Deanna Nolan. Tonya Edwards. Andre Rison. Y de repente, Sheila se da la vuelta para acercarse a su

51. Nacida en Flint en 1995, doble medallista de oro olímpica, primera boxeadora o boxeador en tener todos los títulos unificados de dos pesos diferentes, Shields se formó como boxeadora en el Berston Field House. Todavía entrena por aquí de tanto en tanto.

52. The Flintstones fue el nombre que se le dio al trío formado por Mateen Cleaves, Morris Peterson y el que acabaría siendo ídolo del Breogán de Lugo, Charlie Bell. Este trío llevó al equipo de baloncesto de la Universidad de Michigan State al título de la NCAA en el año 2000. Nacidos en Flint y criados en los partidos y torneos del Berston Field House, los tres portaban un tatuaje con el nombre de su ciudad. Por ello se les conoció como The Flintstones, nombre de Los Picapiedra en inglés.

ordenador. Ve la fecha, la hora en su muñeca. Y exclama:

—¡Pero si hoy hay partidos!

—¿De qué?

—De baloncesto, el deporte de Flint. No te lo puedes perder.

Esperamos. No hay mucho por donde pasear en North Flint y el calor tampoco ayuda. Nos sentamos en un banco para hacer tiempo. Un par de horas más tarde, en una pista de cemento con temperatura de baño turco, el organizador de los partidillos de los viernes, Wes Patterson, anda ya manejando el cotarro. Mulato, 1,85, de complexión fuerte y atlética para sus cincuenta años, transpira solo de indicar a cada uno de los presentes en qué equipo tiene que jugar. Hay unas quince personas, todos por ahora hombres, todos afroamericanos. Todos atentos a lo que Wes tiene que decir. Si tú juegas con este, si tú descansas, pero qué dices, si vosotros tenéis mejor equipo; si tú te callas, si tú estás demasiado gordo ya, colega, tienes que moverte un poco más. Listo. Preparado cada detalle para que comience el primer partido, Wes, que hoy no juega —«tengo que descansar, que ayer tuve partido de veteranos»— pide que comiencen.

Lo que a primera vista semejaba ser una pachanga de barrio se convierte en un partido de mucho nivel. Sin jerarquías. Wes explica que algunos de los que juegan son vecinos del barrio, con su trabajo, sus particulares mochilas vitales y su poco tiempo libre. Que otros, en cambio, son exprofesionales o jugadores de las ligas universitarias. Pero con orgullo, confiado, dice que el nivel que hay en Berston no lo hay en ningún otro lugar.

—¿En ningún otro lugar de Flint?

—No, en ningún otro lugar del país.

Uno de esos universitarios a los que se refiere hace un mate a las primeras de cambio. Luego otro, recogiendo un rebote en el aire, volcándolo a dos manos en el aro. Aplaude el poco público, los que esperan su turno y hasta el hijo de Wes, que tiene doce años y practica su tiro en la canasta que está libre. A los segundos, otro contraataque del mismo jugador de la NCAA. Crecido, ahora hace un molinillo, casi tocando el aro con la cabeza. El pecho de Wes que se hincha. «Ya lo dije: el básquet que se ve aquí no se ve en ningún otro sitio de la ciudad, o casi que del país; si eres de Flint y sabes jugar al baloncesto, juegas en Berston.»

Mientras la pachanga sigue a todo ritmo, alguien abre las puertas de la pista. Es la primera y única mujer que se pasará por aquí. Llega tarde, todos la miran. 1,70, también mulata, melena entrenzada. Wes pega un codazo. Y confiesa, en susurros: «Se llama Arlesia Morse, es jugadora profesional de un equipo de la ciudad».

Después de los mates, la primera pachanga de la tarde se la acaba llevando el equipo de Kevin Tiggs, uno de los muchos jugadores profesionales que salió de esta pequeña ciudad[53]. Ya retirado, la clase acumulada le llega a Tiggs para seguir dominando los partidos con sus vecinos. Que si un triple, que si una entrada con la mano mala, que si un pase sin mirar. Listo: primera victoria. Y casi sin saltar.

53. Tras dos años con la Universidad de East Tennessee State, Kevin Tiggs se dio de alta en la seguridad social bajo el epígrafe «trotamundos del baloncesto». Entre 2009 y 2017 jugó en Ucrania, Chipre, Francia, Australia, Finlandia, Hungría y Alemania. Lo más reseñable es que en todos sus destinos tuvo un papel destacado.

Tiggs se toma un respiro entre pachanga y pachanga. Aprovecha, de paso, para dar su visión sobre lo que tiene la cultura deportiva de Flint para que tantos vecinos acaben haciendo carrera en el deporte profesional. Habla de esa crisis eterna en la que viven estas calles y que se percibe con solo un paseo alrededor de Berston. A cada pocas palabras, todo lo resume con un concepto sencillo, cortito y al pie. Con esa frase que se repite y se repite y se repite por Flint:

«*This is what we do*.»

Arranca el segundo partido de la tarde, protagonismo ahora para Andre «Bad Moon» Rison. En la banda comentan que podría haber sido jugador de baloncesto, pero que se decantó por el fútbol americano. Fue la estrella de su instituto en Flint, luego en Michigan State, finalmente en la NFL. Hoy, nostálgico quizás de la atención que algún día recibió, ordena a su equipo. Hay una cámara, busca su objetivo. Aspavientos para dirigir a todos. A sus compañeros. A los que no lo son. Lleva el balón hasta aparecer en el primer plano de la foto, celebra ahora un pase más que nadie para que la gente se fije en él. Wes se ríe. Y Rison se pone luego a dar unas clases de *trash talking*. Que si este viejo todavía es el mejor aquí, que si tú haces mates pero yo te pateo el culo, niñato.

En el palmarés deportivo de Rison luce una Superbowl como receptor titular de los Green Bay Packers en 1997, amén de cinco participaciones en la ProBowl[54]. Lo ha ganado casi todo, desde luego mucho más que cualquiera de sus rivales en esta pista, pero retirado desde hace años, Rison se acerca al Berston Field House para competir con

54. El partido de las estrellas de la NFL, la principal liga de fútbol americano.

sus vecinos de toda la vida. Aquí donde no hay Superbowls que valgan, donde todos compiten en igualdad de condiciones. Cuando sale a descansar, sus cincuenta y tres años se dejan ver en la barriguita, en el sudor que le corre por todo el rostro. Pero Rison hace como Tiggs. Se acerca. Y habla sobre lo que significa el deporte para Flint.

«El baloncesto, o cualquier otro deporte, es una forma de escapar de la violencia, de la crisis que tuvimos con el agua o de la pobreza; la gente viene aquí a liberar todo ese estrés. Y yo creo que al final esa obsesión, o llámalo como quieras, hace que tengamos tanto éxito como deportistas en esta ciudad; —y repite— *this is what we do*.»

Llega el descanso entre el segundo y el tercer partido. Al otro lado de la cancha, Kevin Tiggs alecciona con unos movimientos a un chico joven. Es Carmelo Harris: quince años, la nueva joya salida del Beecher High School de Flint, uno de los mejores institutos a nivel deportivo en la ciudad[55]. Es por ello que Tiggs y el resto de profesionales y exprofesionales de Berston ya lo han cogido bajo su ala, puliéndolo poco a poco, vigilando sus pasos de cerca. Como si aquí se viviese en familia, como si ante tantos malos momentos no les haya quedado más remedio que unirse frente al asedio que se vive fuera de los muros del

55. Monté Morris, base de los Denver Nuggets de la NBA desde 2017, ha sido el último profesional en salir de Beecher High School. Están en camino Jalen Terry y el propio Carmelo Harris. Sin embargo, a Marcus Davenport, el joven director del instituto, hay otra cosa que le importa más: los valores. «Son todos muy buenos chicos, eso es lo importante; esta ciudad siempre ha sido conocida por aspectos negativos y estos chavales tienen ganas de demostrar lo contrario». Davenport, fanático del básquet, es otro de los que insistió en que visitásemos Berston: «Es un sitio al que hay que ir, es nuestro Rucker Park».

3300 de Saginaw Street. De esa forma, en la esquina de un país que parece alérgico a las identidades se ha generado una, comunal, que se resume en esa frase que todos repiten: *this is what we do*. Luchar. Apoyarse. Resistir a base de botar una pelotita.

Hace demasiado calor. Wes ordena que se tomen un respiro antes de afrontar el último partido. Y al rato, antes de que comiencen, pide que se lo tomen en serio, que es mejor irse con buen sabor de boca. Todo el mundo suda, algunos ya se han ido para casa, la cosa empieza: el que llegue a once puntos gana.

No dura ni cinco minutos. Tras un intercambio inicial de canastas, Arlesia Morse, la que llegó tarde, la única mujer, enchufa tres triples seguidos y finiquita todo por la vía rápida. Con su equipo celebrándolo y los rivales tirados sobre la pista, con las camisetas empapadas y antes de que cada uno se dirija a su realidad más allá de esta *Meccah*, Arlesia Morse levanta los hombros, gira las palmas hacia el techo del Berston y con una mueca de suficiencia dice lo que todo el mundo sabe. La forma de decir que en esta ciudad son buenos porque no queda otra:

«*This is what we do*.»

Despedidas. Gracias Wes, gracias todos. Emprendemos el camino de vuelta a la Dodge. El sol se ha calmado, menos mal. A tan solo unos metros de la entrada de Berston Field House, un hombre mayor, pelo blanco, ascendencia judía, vende sandías en la acera. Las tiene apiladas en el maletero de su coche, un viejo familiar de siete plazas. A un lado del vehículo, en sillas de playa, se sientan él y tres amigos; uno blanco, dos negros. Dice que son sus guardaespaldas. Será una broma, pero nadie se ríe.

—Hay que tener cuidado, esta zona es peligrosa. Sobre todo de noche.

—¿Y no te asusta trabajar aquí?

—Llevo cuarenta años vendiendo en este mismo sitio; a los gánsters de estas calles los conozco desde que son pequeños. No me dan miedo.

—¿No sería mejor irse a otro sitio, entonces?

—No, *because this is what I do*.

EL CHICAGO BLUES DE MISS GATERS

27 de junio, rumbo al oeste desde Flint. En la mente, un objetivo: conocer a Dorothy Gaters, una de las entrenadoras más laureadas de este país; la señora afroamericana de fama estricta y corte de pelo militar que ha dominado el básquet femenino de instituto en Chicago desde que existe.

Una hora llaneando entre praderas verdes nos lleva a territorio *spartan*: East Lansing, ciudad de Michigan State y de su ídolo, Magic Johnson. Paseamos por su barrio natal, por el Breslin Center junto al que se levanta una estatua suya en la postura que nunca abandonó: la de tú ponte ahí que yo hago así y asá y miro para allá y te dejo solo para que la metas fácil. Profeta en su tierra, fue aquí que el mejor base de todos los tiempos se proclamó campeón universitario. En el mismo lugar en el que nació y tuvo una de esas biografías que sirven como cura a la nostalgia de que hubo tiempos mejores en este rincón del país[56].

56. Como tantos afroamericanos, los padres de Magic habían llegado desde el sur en busca de trabajo y algo de libertad. Spoiler: tuvieron mucho de lo

Nos echamos a dormir en la Dodge a unos ciento cincuenta kilómetros al oeste de East Lansing, junto a la costa occidental de la Península de Míchigan, California de agua dulce. Playas kilométricas, turistas ricos, tiendas de cupcakes. Bañito mañanero cerca de Saint Joseph y a seguir.

Al cabo de unos kilómetros, los turistas en SUVs son sustituidos por vecinos que aparcan coches destartalados, las playas con faros de postal por fábricas humeantes. Nos acercamos al norte de Indiana, tierra industrial. Y con ello, a la penúltima meta volante de la etapa: Gary. El lugar de nacimiento de Michael Jackson y cuyo presente es casi tan turbio como la herencia del rey del pop.

Es a unos kilómetros de Gary, sin notarse cambio alguno en el paisaje urbano —*projects*, casas bajas abandonadas, un sentimiento general de pobreza—, que llegamos al destino. *Sweet Home Chicago*. La única ciudad, quizás junto con Los Ángeles y Washington DC, que le puede competir el título de capital mundial de la canasta a Nueva York. Donde los 16 de septiembre son Candace Parker Day[57].

primero y poco de lo segundo. El padre trabajaba en una fábrica de General Motors y por la noche vigilaba un comercio de venta de coches de segunda mano. Su madre era conserje en una escuela. Que tuviesen *libertad* para partirse el lomo no evitó que, en los años setenta, cuando Magic y sus hermanos fueron parte del *busing* y se les envió a institutos blancos de forma obligada para integrar a las comunidades blanca y afroamericana, dichos buses fueran recibidos a pedradas. O que fueran ignorados por sus compañeros de equipo. Tiempos mejores. Ja.

57. En septiembre de 2021, la alcaldesa de Chicago, Lori Lightfoot, anunció la instauración del Candace Parker Day por la contribución dentro y fuera de las pistas de esta jugadora, una de las mejores de la historia del baloncesto, nativa de Chitown. Al mes siguiente, Candace le devolvió el favor a la ciudad: lideró a las Chicago Sky al título de la WNBA 2021, en la que era su primera temporada en casa tras toda una carrera en Los Ángeles Sparks.

Donde un tal Michael Jordan ganó seis anillos eternos.

Entramos a Chicago por su South Side, foco de historias donde se entremezclan baloncesto, música y gánsters, épocas de luces y de sombras. Pocas tan representativas, tan elocuentes, como la de Benji y la Simeon Career Academy.

Benjamin Wilson, que así se llamaba aquel crío, era en 1984 la mayor promesa de instituto que había en el país. Un fenómeno de 2,03 que hacía de todo, al que ya muchos veían en la NBA, otra línea más en la lista de futuros Mesías del básquet. Hasta que un día se marchó de su clase en el instituto de Simeon para reconciliarse con su exnovia, con la que acababa de tener un hijo. Hasta que se cruzó con otros dos chavales que llevaban una pistola. Hasta que acabó muerto con diecisiete años después de que le pegasen dos tiros en un South Side que ya vivía, como tantos otros distritos afroamericanos, estrangulado por el crac, la pobreza, la violencia y el racismo estructural[58].

Y Omar Dixon, que así se llamaba uno de los asesinos de Benji, no era sino el nieto del mítico bluesman Willie Dixon, un nombre fundamental de la época dorada de este South Side. En la que el distrito había emergido como el otro destino predilecto de la Gran Migración Negra, una especie de Harlem *made in Chicago*. Y en la que, en el centro de todo, contextualizando lo que pasaba alrededor, estuvo uno de los géneros afroamericanos por excelencia: el blues.

58. Tras el shock de la muerte de Benji, muchos profesionales con pasado en Simeon portaron su número 25 como homenaje. Entre ellos, NBAs como Kenny Atkinson, Derrick Rose, Jabari Parker o Kendrick Nunn.

Porque al blues le sucede como a casi todas las músicas: que su periplo es una migración constante. Este comienza en la zona de Senegal, Gambia, Mali; en la África Occidental a donde los árabes llevaron siglos atrás sus cantos e instrumentos de cuerda. Esos territorios se convirtieron en finca de esclavos para las colonias americanas y el sonido árabe y negro partió a la vez hacia el Nuevo Continente. Se agitó en un cóctel de influencias en enclaves sureños como Nueva Orleans, las Carolinas y el Delta del Misisipi, donde los afrodescendientes solo tuvieron música para aliviar las penas. Y cuando a estos se les abrieron las puertas del norte en la Gran Migración, siglos de ritmos en viaje constante iniciaron una nueva etapa en Chitown.

Desde principios del siglo XX, este South Side se vio absorbido por una ola de blues del Delta. Ese era el nombre que aquel cóctel musical llegado de África había tomado en la zona del Delta del Misisipi, y los bluesmen que lo tocaban allá abajo, igual que habían hecho millones de vecinos, empacaron las maletas hacia Chicago, destino soñado. Robert Johnson, rey del Delta blues, le cantó a este mito migratorio en «Sweet Home Chicago». Sonny Boy Williamson y el propio Willie Dixon fueron algunos de los primeros representantes del género en instalarse en la urbe, allá por los años treinta. Williamson ejercería luego de mentor de un tal McKinley Morganfield, conocido para la historia como Muddy Waters, que se marchó del Delta al South Side en 1943. Cuatro años después llegó Denise LaSalle. Al poco, Howlin' Wolf. O Buddy Guy. Y algunos, como Bo Diddley, padre del rock 'n' roll, andaban ya por el South Side desde hacía tiempo: su familia adoptiva había llegado desde Misisipi en 1934.

Con ellos, el blues del Delta se hizo tendencia en Chicago. E igual que sus compañeros de éxodo habían cambiado campos de algodón por fábricas, el tacto de la tierra por las máquinas, la música emigrada vivió su particular revolución industrial. Las guitarras que en el Delta eran acústicas se conectaron a un amplificador. El sonido se electrificó. Ponle un saxo, ahora un piano, luego un bajo. Nació una nueva versión, más febril, más moderna, de lo que se tocaba en el Delta. El Chicago blues, padre biológico del rock. Voces roncas, las mismas historias melancólicas, pero que ahora vivían enchufadas en calles obreras[59].

Sucedió que esas aguas torrenciales de la Gran Migración no solo arrastraban música. En la riada que asoló Chicago desde el sur, entre música y bluesmen, llegó también nuestro objetivo en esta etapa: Dorothy Gaters. Ella, tocando el blues con las cuerdas de la vida, como los árboles que aparecen a kilómetros de sus raíces tras una crecida, labró un legado en las canchas del estado de Illinois que llega hasta hoy.

Perseguimos su rastro. Desde el South Side ponemos dirección norte hacia East Garfield Park, el barrio

59. Después de tanta proteína que son los kilómetros para las historias, esta dejó su mejor perla en noviembre de 1981. Fue en este mismo South Side que ejercía ya de capital mundial del blues. Actuaba en el Checkerboard Lounge su mayor representante, Muddy Waters. Entre el público estaban los Rolling Stones, una de esas bandas británicas que, como los Beatles, los Kinks o los Animals, habían mamado desde adolescentes los vinilos de Chicago blues e imitaban su sonido. El viejo capo los invitó a subir, e ídolos y pupilos se pusieron a tocar e improvisar a través del mismo lenguaje musical, por mucho que uno fuese de Clarksdale, Misisipi, y los otros de Dartford, Inglaterra. Y un concierto que se convirtió en álbum —*Live at the Checkerboard Lounge*— confirmó que la cultura parida por los antiguos esclavos del sur había anegado todo el planeta.

afroamericano algún día al alza, hoy pobre y dejado, al que llegó la familia Gaters desde Misisipi allá por 1953. Ella tenía siete años, pero dicen los que la conocen que esos orígenes todavía no se han perdido. Que el *twang*, que así le llaman al acento sureño, todavía asoma de tanto en tanto. Cuando le aprietan el acelerador de un carácter forjado a base de golpes, dificultades y luchas. Temperamento sin el que sería inexplicable que ella, la persona más inesperada, se convirtiese en un referente del básquet femenino estadounidense.

Dorothy Gaters nunca fue jugadora de baloncesto, ni siquiera de forma amateur. Hija de una época en la que el deporte era solo cosa de hombres, cuando Gaters se graduó en 1964 en el mismo Marshall Metropolitan High School de Chicago donde acabaría siendo profesora, entrenadora y referente, el centro todavía no contaba con equipos femeninos. Institutos y universidades de los Estados Unidos no estaban obligados a incluirlos en sus programas deportivos. La única opción para las mujeres era jugar entre las compañeras de un mismo colegio, en el patio del recreo.

El panorama estaba a punto de cambiar. Para ella, para todas. Eran los años sesenta, auge de la lucha por los derechos civiles. En 1972, fruto de esa presión, ya con Dorothy Gaters de vuelta en su instituto para ejercer de maestra, se abre una ventana que ella siempre había encontrado cerrada. La implantación de la ley conocida como Title IX obligaba a eliminar cualquier tipo de discriminación de género en los programas o actividades que recibían dinero federal. Dentro de esa amplia horquilla entraba el deporte en centros educativos. Y ahí, por supuesto, el baloncesto.

El Title IX obligó a que Luther Bedford, jefe de deportes del Marshall Metropolitan, buscase a un entrenador para el estreno del conjunto femenino de baloncesto. Recibió la negativa de todos sus candidatos, todos hombres. Falto de opciones, tiró de su último recurso: una exalumna, recién regresada para ser profesora, entusiasta del deporte al que nunca pudo dedicarse como jugadora. Dorothy Gaters no tenía ni idea en ese momento de cómo dirigir un equipo. Era ya una madre soltera. Con un trabajo a tiempo completo y una hija a su cargo. Pero decidió que aprendería en el proceso. Estudió los comentarios de los expertos en cada partido televisado. Siguió los consejos de su mentor y padrino, John McLendon[60]. Tiró hacia adelante, como hizo con todo en su vida. Y forjó una de esas historias de pioneros del deporte que sin preparación, sin un contexto idóneo, se hacen un hueco entre los grandes.

La primera campaña de Miss Gaters y el equipo de Marshall Metropolitan fue un aviso a navegantes. Veintinueve victorias, una derrota. El récord se repitió al año siguiente. Mejoró en la tercera campaña: treinta victorias, tres derrotas y subcampeonato estatal. Al cuarto intento, temporada 1981-1982, Marshall Metropolitan y Dorothy Gaters se hicieron con su primer título del estado de Illinois. Desde ese lejano 1982, la inseparable pareja que formaron un equipo de chicas recién creado y la última opción que Luther Bedford tuvo para dirigirlas ha sumado otros nueve campeonatos más —el de la 2018-2019 incluido—,

60. John McLendon fue el primer entrenador afroamericano en dirigir tanto a una universidad de mayoría blanca como a un equipo profesional en los Estados Unidos.

cuatro segundos puestos, una marca histórica de más de 1150 victorias. Un historial sin parangón.

Su impacto es tal que no se ciñe al éxito deportivo. En East Garfield Park, en esta zona de Chicago donde las oportunidades brillan por su ausencia, la lista que importa es otra. La de adolescentes a las que el básquet les funcionó como trampolín. La decena de jugadoras que hicieron carrera profesional en Europa o en la WNBA. Las más de cien que se ganaron con el baloncesto una beca para la universidad.

La primera de todas, el detonante de lo que llegó tras ella, fue Janet Harris. En la temporada 1980-1981, Harris dejó el instituto donde se había convertido en una estrella de la mano de Miss Gaters para fichar por la Universidad de Georgia. Allí empezó a dominar la NCAA. Veinte puntos y diez rebotes en un partido, veinte puntos y diez rebotes en el siguiente. Su equipo que ganaba, ella que se salía. ¿De dónde era? De Chicago. ¿De Chicago? Los medios de la ciudad pusieron el foco en aquel pequeño instituto de East Garfield Park. Pequeñas columnas, notas sucintas sobre un equipo de mujeres que parecía ganarlo todo. Más adelante, entrevistas, reportajes, fotos a toda página. Y ejemplo de que la viabilidad de un proyecto depende muchas veces de su visibilidad, niñas de otras zonas de la ciudad comenzaron a verse atraídas a este barrio bajo, a un instituto de notas medias muy mejorables, pero en el que se contaba que trabajaba una señora que podía conseguirte una beca para una universidad de renombre. Fue el comienzo.

A rebufo de la historia de Janet Harris[61], Marshall Metropolitan se convirtió en algo parecido al Abraham Lincoln de Coney Island: un instituto poco deseable, salvo para jugar al básquet. Se graduó en 2001 una de las mejores jugadoras en la historia del país, Cappie Pondexter, que todavía tiene a Dorothy Gaters como su maestra vital. Kim Williams, estrella en el Chicago de finales de los ochenta, se tiraba hora y media en tren para acudir al Marshall Metropolitan y jugar para su entrenadora. La lista es larga. Es por ello que nombrar hoy a Dorothy Gaters en los alrededores del John Marshall Metropolitan es como nombrar a un alcalde, a un viejo bluesman.

A la estrella que es. Pese a no haber jugado nunca un partido.

Caminamos ya por el barrio donde Gaters es leyenda. Nada tiene que ver esto con el centro. En esas calles, la ciudad presume de ser una de las urbes más elegantes del país. Parques, arquitectura, playas en la ribera de un lago Míchigan que más bien parece un mar. Armonía. Porque quizás Chicago es una versión más armónica, más tranquila, limpia, amable, asequible, ordenada e incluso bonita de Nueva York.[62]

Todo eso es *otra* Chicago. Aquí, en East Garfield Park, como en el South Side, las sombras del cinturón del óxido y del racismo vuelven a taparlo todo. Es última hora de

61. Exjugadora del Perfumerías Avenida de Salamanca, Janet Harris todavía idolatra a Dorothy Gaters, tal y como explicaba en 2014 al *Chicago Tribune*: «Tenía un sueño para las mujeres en un deporte que estaba dominado por los hombres; ella quería que también nosotras jugásemos al baloncesto y puso muchas horas de su vida al servicio de esa lucha».

62. Razón por la que, quizás, muchos nos quedamos con Nueva York.

la mañana del viernes 28 de junio. Pasamos por delante del 3340 de West Congress Parkway, donde nació el gran Isiah Thomas. Unas cuantas personas hacen cola para canjear sus bonos de comida en la tienda de South Kedzie con West Madison. Otro pide unos dólares. Por la avenida principal deambula algún peatón. Varios vecinos echan el día a la sombra que dan las fachadas. El asfalto y las aceras están agrietadas, carcomidas por la lluvia, por la nieve. Por el olvido. El United Center y la estatua de Michael Jordan, el centro y sus rascacielos están a tiro de piedra, pero ya en otro mundo.

A tan solo unos metros de la esquina de South Kedzie con West Madison, unos cuantos niños cuentan en el Marshall Metropolitan las últimas horas antes de las vacaciones de verano. Asentado en este barrio humilde, el instituto es uno de los peores de la ciudad por su rendimiento académico. Vive en una eterna pescadilla que se muerde la cola. Los estudiantes provienen en su mayoría de entornos con pocos recursos. Eso hace que la financiación sea menor. Los profesores con mejores cualificaciones se alejan de centros así. El resultado: meritocracia la que yo te cuente. En contraste con todo ello, la obstinación de una señora de setenta y tres años ha permitido que Marshall Metropolitan cuente con uno de los mejores proyectos de baloncesto femenino. No ya solo en Illinois, sino en todo el país. Un escape al callejón sin salida académico.

Preguntamos por ella en las puertas del instituto. Medidas de seguridad, detectores de metales dignas de un edificio oficial en cualquier otro país. En la entrada nos dirigen al conserje. El conserje a un profesor de educación física. Este a la secretaria. Al llegar a su oficina para solicitar una entrevista con el tótem del baloncesto femenino, nos explican que Dorothy Gaters no está disponible estos días. Nos dan su número de teléfono, pero no responde. A los días se pone al otro lado de la línea para decir que ya hablaremos, cuando vuelva, en una semana. Que está de vacaciones. Cosa merecida, no cabe duda, después de medio siglo como entrenadora del mejor equipo de básquet del estado.

Pasamos días descubriendo la tierra natal de Al Capone, Saul Bellow y la música house. Jornadas de calor y blues, baños en el agua extrañamente dulce de ese mar que es el lago Míchigan. Suenan en la Dodge los Smashing Pumpkins, otros nativos de la ciudad, mientras nos acercamos a Oak Park, barrio de Hemingway y donde el arquitecto Frank Lloyd Wright pasó buena parte de su vida. Hasta nos da tiempo a conocer la Farragut Academy, en el barrio mexicano de Little Village, de la que Kevin Garnett dio el salto a la NBA para convertirse en el primer jugador de la era moderna que lo hacía de forma directa desde el instituto. Pero, entretanto, Dorothy Gaters no retorna de sus vacaciones. Viajar es lo que se improvisa cuando las cosas no salen como se espera. Y decidimos partir.

Hablaremos con ella pasado el tiempo, ya cuando Chicago quede lejos. Escucharemos de nuevo esa voz propia de sus setenta años de vida, casi cincuenta de baloncesto. Una que ya nada tiene que ver con la de la madre soltera que creó el programa más exitoso del básquet femenino. Una que suena a la mujer que, con tres nietos y dos bisnietos, se dedica estos días a mantener su trabajo en la cumbre.

Cometeremos un error al entrevistarla: preguntarle por su edad, por si piensa en la retirada. Un tema, según sabremos después, con el que anda mosqueada. A los entrenadores hombres y viejos, como a Mike Kryzewski, nadie les pregunta cuándo se van a jubilar, suele argumentar. Pero es gracias a ello que ahí, al otro lado del teléfono, con ese punto de indignación, se escucha cómo le sale su famoso *twang* del Misisipi. El mismo acento sureño que aflora en el blues de esta ciudad. El producto orgulloso e inmortal, como Miss Gaters, de los años en los que el Delta se desbordó hasta inundar Chicago.

NEW YORK
LAKE HURON
LAKE MICHIGAN
MICHIGAN
CHICAGO
PENNSYLVANIA
INDIANA
OHIO
WASHINGTON DC
INDIANAPOLIS
KNIGHTSTOWN
OIS
WEST VIRGINIA
FREDERICKSBUR
CHARLOTTESVILLE
FRENCH LICK
PAOLI
MOUNT HOPE
LOUISVILLE
LEXINGTON
VIRGINIA
KENTUCKY
NORTH CAROLINA
TENNESSEE
SOUTH CAROLINA
PI
ALABAMA
GEORGIA
NORTH ATLANTIC OCEAN

III.
EL CORAZÓN DE AMÉRICA

«SE LLAMA SUEÑO AMERICANO PORQUE TIENES QUE ESTAR DORMIDO PARA CREÉRTELO.»

George Carlin

UN ANILLO DE TREINTA Y TRES DIAMANTES EN PAOLI

Salimos de Chicago el 5 de julio. La consigna es clara: escaparnos al campo, respirar. En menos de una hora dirección sureste, los rascacielos, las vías elevadas del metro, lo urbano desaparecen. El paisaje que se vislumbra a través de la ventanilla muta. Praderas extensas, campos de maíz, molinos de viento, rollos de paja desperdigados. Carreteras que se cruzan perfectas, perpendiculares. Son las estampas del Medio Oeste rural, blanco y granjero al que se suele asociar el nombre de Indiana, cuya frontera acabamos de cruzar.

Cuatro horas de carreteras secundarias nos llevan al instituto Crispus Attucks, en Indianápolis. Situado en la Indiana Avenue, que fue la arteria principal del Harlem de esta ciudad, predios del jazzista Freddie Hubbard, el Crispus Attucks cuenta con su pedigrí. Tres plantas de ladrillo visto, con balaustradas, pórticos y obras de terracota que aderezan las cornisas, esconden el centro afroamericano más antiguo de Indianápolis. Desde el que saltó a la fama nacional Oscar Robertson. El único jugador, hasta Russell Westbrook, que fue capaz de promediar un triple-doble en una temporada NBA.

Con todo, The Big O y su juego afro y callejero no fueron suficientes para evitar que Indiana suene a un baloncesto de otro color. A esa vertiente blanca y académica. Disciplinada, sobria y casta. Que se jugaba en canastas en la parte trasera de granjas, en institutos de pequeños pueblos rurales. La que nació en Springfield con James Naismith y quizás alcanzó su cénit en este estado[63]. En la realidad y en la ficción.

Solo cuarenta minutos nos hacen falta para llegar desde el Crispus Attucks a Knightstown, unas cuantas manzanas trazadas en medio de la pradera. 2182 habitantes, un 98% de ellos blancos. Un pueblo con su oficina de correos, su Dollar General[64], sus casas unifamiliares y su exiguo centro urbano. Aparcamos al borde de una de las pocas aceras. A mano derecha, al final de un camino pavimentado, un pórtico da entrada a otro edificio de ladrillo visto. Su nombre se muestra a mano derecha: Hoosier Gym.

63. El propio James Naismith denominó a Indiana como «el centro» del baloncesto, impresionado por un partido de instituto en el que se encontró con quince mil personas en las gradas.

64. Los Dollar General son la cara del «desierto alimenticio» en el que se ha convertido una parte de los Estados Unidos pobre, rural o urbano. Esta cadena de tiendas de alimentación y productos básicos, que en 2018 ya contaba con más establecimientos por el país que McDonalds, ofrece la mayoría de sus productos a precios de un dólar. ¿El problema? Que su apertura suele provocar la desaparición de otras tiendas locales. Y que en los Dollar General los productos frescos brillan por su ausencia, sustituidos por los ultraprocesados. Otro lastre en un país donde un alto porcentaje de la población sufre de enfermedades causadas por la mala alimentación.

El pabellón en el que se rodó la epopeya de los Hickory Huskers, el equipo de chicos blancos dirigido por Gene Hackman en la película *Hoosiers*[65], punto de peregrinación basquetbolista en el estado.

La historia de esta icónica ficción guarda los trazos básicos de la cultura baloncestística de Indiana. La devoción desmedida por este deporte, conocida como *hoosier hysteria*, que nace de los torneos de instituto sin categorías en los que los centros más pequeños y rurales competían de tú a tú con las escuelas de las ciudades. Se trata de la extensión baloncestística de esa fijación estadounidense por el personaje venido de abajo, el hombre hecho a sí mismo que se abre camino desde el mundo rural frente a las perversas clases urbanas. Una mezcla de las ideas de Benjamin Franklin, de Thomas Jefferson y de Andrew Jackson. La victoria del hombre común, como los protagonistas de *Hoosiers*. Un extracto cultural que nadie representó en la realidad baloncestística como Larry Bird.

Quedan dos días para llegar a su casa.

Mañanas, tardes, noches de carreteras sin coches. Es 8 de julio y cerca ya del destino, al sur del estado de Indiana, se da otro cambio de escenario. La orografía se ha ondulado, los bosques son más frondosos. Todo tiene un punto inhóspito, salvaje. Cabañas de madera diseminadas en la

65. Fue precisamente ante el Crispus Attucks de Oscar Robertson que se produjo uno de los episodios del llamado *Milan Miracle*, la historia real en la que se basa *Hoosiers* (1986). En 1954, el equipo de Milan High School tumbó a Crispus Attucks en su camino a las finales estatales, que acabarían ganando. De esta forma, Milan se convirtió en el instituto más pequeño (con solo ciento cincuenta y un estudiantes) en ganar el título estatal de Indiana. En 1955 y 1956, Crispus arrasaría en el torneo de la mano de The Big O.

niebla. Los Apalaches[66] que se dejan intuir. Y ahí, entre los árboles y colinas del sur de Indiana, Paoli.

Capital del condado de Orange County, Paoli es pura América interior, esa que vive asustada con todo lo que hay *out there*, ahí afuera. En este pueblo lo diferente tiene nombre y apellidos. Como los de Andy y Linda, el matrimonio de viejos hippies que, muy excéntricos ellos, se mueven de su casa al centro en carrito de golf. El de Timothy, un tipo majo, joven, abierto, único periodista del único periódico de Paoli. El de la familia negra. O el de la mexicana, propietaria del restaurante mexicano que no puede faltar en ningún punto del país. A todos ellos se los puede conocer en una sola tarde, en un solo lugar: en la plaza del centro donde se reúnen las excepciones a la norma. Por el resto, Paoli y todo el condado de Orange tienden a lo homogéneo. Como en Knightstown, un 97% son blancos. Un 70% votantes de Donald Trump.

Keith Holland es uno entre esa mayoría. Camina por una zona de casas bajas, no muy lejos del centro, mientras charla con un amigo. Setenta años, bajito, pelo blanco. Viste vaqueros, camisa de cuadros, gorra de productos agrícolas. Se le veía relajado. Hasta que nos lo cruzamos y su radar de foráneos se activa. Se calla, la conversación con su amigo queda parada. Observa, desconfiado. Pregunta desde la otra acera —sin saludar siquiera, esforzándose en sonar hostil— eso de *who are you and what do you want*.

66. Los Apalaches son una cadena montañosa que cruza la parte interior de la Costa Este de Norteamérica, desde Canadá hasta casi el Caribe. En torno a ella se formó lo que se conoce como la *Appalachia*, una región cultural vertebrada por banjos, bluegrass y minas de carbón.

Escucha. Sigue observando, de arriba abajo, de arriba abajo otra vez. «*Basketball, huh?*» Se relaja un poco. Y como no podía ser de otra forma, comienza a hablar del héroe de Orange County. El gran y único Larry Bird, para muchos el mejor jugador blanco de la historia, el hoosier por excelencia, nacido a quince kilómetros de aquí, en French Lick.

«Él sí que podía patearles el culo a los negros», suelta Keith, así, como para resumir su legado. Es un preámbulo a las historias más diversas sobre el mito de los Boston Celtics. Rumores, leyendas y chismorreos que circulan por el condado, la mayoría con aspecto de infundadas. Pero entre ellas, una que abre una vía inesperada:

—¿Y sabes qué? —comienza Keith.

—¿Qué?

—Mi primo, Gary Holland, fue el entrenador de Larry en el instituto de French Lick. Cuando Bird se retiró, les regaló a todos los entrenadores de su carrera un anillo con treinta y tres diamantes. ¡Y ya han entrado dos veces a casa de mi primo para intentar robárselo!

La anécdota es una de las muchas con las que Keith intenta convencernos de que el mundo, Paoli incluido, es un lugar peligroso. De que *out there* está esperando una larga lista de amenazas que nunca ha puesto un pie en este pueblo, que quizás nunca ha estado ni cerca de hacerlo, pero ante la que Keith y otros vecinos viven asustados. Inmigrantes ilegales, pandilleros de la gran ciudad, comunistas, *wokes*[67], terroristas islámicos. Enemigos

67. *Woke* es un concepto muy en boga. En un principio fue utilizado por los movimientos antirracistas para llamar al «despertar» frente al racismo sistémico, pero *woke* se ha convertido en los últimos tiempos en un término despectivo.

de América, protagonistas habituales en las *noticias* de la Fox.

Por suerte, su primo, Gary Holland, el propietario del anillo en cuestión, no está cortado por el mismo patrón. Él es un tipo más relajado. Lo hemos encontrado la tarde del 10 de julio en la entrada de su finca, a once kilómetros del centro, en medio de la floresta. Peto vaquero bien sucio, palillo en ristre, gorra de trabajo. Expresión arisca algo impostada. Suena de primeras como su primo: qué hacemos allí, qué queremos. Nuestra furgoneta, sucia, con las cortinas mal colgadas asomando a través de las ventanas traseras, no ayuda a generar confianza. Y a Gary le lleva unos minutos ceder. Aceptar que la inesperada visita solo tiene que ver con él y con su historia. Cuando lo hace, todo cambia.

Porque lo que en Gary semejaba carácter arisco no es más que timidez. De ella se libera hablando de baloncesto. Sin ese caparazón que cubre sus casi ciento noventa centímetros de anchas espaldas, erguido para sus setenta y dos años, se suelta. Repasa, todavía en la entrada de la finca, capítulos de ayer y de hoy. Jerry West, que era buenísimo. Stephen Curry y Klay Thompson, que son todavía mejores, qué tiradores. Se emociona. Habla de baloncesto. Habla más. A los cinco minutos pide perdón por hablar demasiado. Y mientras pide que pasemos, se disculpa también por su recelo inicial, propio de un lugar donde la

Lo utiliza sobre todo la derecha de la derecha norteamericana —y del resto del mundo— para señalar a sus antagonistas. Básicamente, a todos aquellos que apoyen los postulados del feminismo, los derechos LGTBI o la teoría crítica de la raza.

propiedad privada es territorio sagrado. «Ya sabes cómo somos por aquí, desconfiados cuando vemos a alguien desconocido acercarse por nuestra casa. Y cuando vi esa Dodge...»

Su casa se asienta en una extensión de varias hectáreas de lomas verdes. A la vista, solo otras dos viviendas: las de sus dos hijos. Podría ser la secuencia de un western en la que un pistolero ya retirado diría aquello de mi terreno llega hasta donde alcanza la vista. Pero Gary no es tan dado a las grandilocuencias. «Compré esta tierra después de trabajar como instructor en la autoescuela, en los veranos, cuando nos daban vacaciones a los profesores del instituto», explica.

Gary Holland es un paradigma de la América interior. Él mismo se define como un chico de campo. Ya jubilado, no cuenta con una lista de quehaceres demasiado larga. Corta el césped. Cuida de sus fresnos. Ayuda en la iglesia. Ve mucho baloncesto, Euroliga incluida. E intenta finalizar con unos amigos amish[68] la construcción de su galpón, ahí mismo, a unos cincuenta metros de la entrada a su finca. «Dentro», cuenta mientras señala un recinto con tamaño de nave industrial, «he construido unas canastas para echar unos tiros, para que jueguen los nietos.» Lo que hay dentro es una legítima pista de baloncesto, con sus canastas reglamentarias y todo. Son, como irá mostrando, las vicisitudes de su humildad.

68. Los amish son un grupo tradicionalista cristiano que rechaza el uso de la tecnología y practica una vida rural, sencilla, alejada de cualquier atisbo de modernidad en la vestimenta, y en sus métodos de transporte o de trabajo. Sí, eso, los de la peli *Único testigo* de Harrison Ford.

Esta aflora cuando Gary relata su carrera baloncestista. Tirador desde la cuna, él fue en su momento el prototipo de jugador de raza blanca. De esos que la meten desde cualquier punto de la cancha. *I could shoot*, es su forma de decirlo. Pero debía ser más que eso. Allá por los años sesenta, la fama de su puntería le sirvió para que unos ojeadores de la Universidad de Louisville llegasen hasta el instituto de Paoli para verlo jugar. Era uno de sus últimos partidos antes de graduarse. Tuvo el día. «Debí de meter cuarenta puntos, ¡y solo tirando de fuera! ¡Me entraba todo!» Como rejuvenecido por el recuerdo, agarra el balón del suelo de su galpón e intenta encestar de unos cinco metros. Apunta. Mecánica perfecta. La bola que vuela. Que no toca ni aro. Pum, bota en el suelo. Segundos de silencio. Pum, que vuelve a botar. Gary piensa. Recuerdos. Pum. Último bote. «Antes venía un rato cada mañana solo a tirar, pero ahora el hombro no me deja… me hago mayor.»

Esa capacidad de enchufar de lejos que ahora parece buscar en su memoria fue una de las primeras cosas que le unieron a Larry Bird, el tipo más famoso del condado, del que fue entrenador en el instituto y con el que mantiene una buena amistad. De esas de irse a pescar cuando Larry está de visita. Fue una cosa del azar. La suerte de que dos tipos muy parecidos, cortados por el mismo patrón, se uniesen en el momento adecuado.

Todo comenzó con aquella Universidad de Louisville. Seducida por los cuarenta puntos de Gary Holland, le ofreció una beca para estudiar y jugar en su equipo. Eran los años sesenta. Jóvenes en guerra generacional con sus mayores. Contracultura, hippies, viajes por carretera, viajes de LSD. Neil Young cantando «Old Man». La universidad era una puerta a todo ello. Pero Gary Holland formaba parte de otro mundo. Uno al que esas tentaciones habían llegado en muy pequeñas dosis. A él nada le parecía ni le parece razón suficiente para marcharse de su tierra. Solo la insistencia de su padre le hizo aceptar la beca de Louisville. Allí sacó su carrera mientras compartía vestuario con mitos del básquet como Butch Beard y Wes Unseld. Regresó a Paoli. Y al poco se hizo con un puesto de profesor en el Springs Valley High School de French Lick.

Poco más podía pedir Gary. Estaba en casa, tenía veintidós años y un trabajo fijo. Lo que para muchos podría ser una pesadilla, para él era una bendición. Su vida estaba encarrilada.

Pero algo inesperado estaba a punto de suceder. El entrenador de baloncesto del instituto de French Lick, Jim Jones, lo convenció para que fuese su ayudante. Jones enfermó al cabo de poco y tuvo que dejar el trabajo. El puesto de técnico jefe quedó en manos de Gary Holland. Justo cuando en el instituto estaba a punto de asomar un chico llamado Larry Bird, puede que lo más excepcional que salió de Paoli y alrededores en toda su historia.

Holland y su nuevo pupilo congeniaron. Larry Bird era otro chico humilde, introvertido y casero. Con pocas ganas de irse lejos desde el día que su padre se suicidó tras su último año de instituto. Larry estaba obsesionado con el básquet, la válvula de escape a un hogar donde una madre pluriempleada intentaba mantener a seis hijos. Y Gary, a sus veintipocos, tenía tiempo para acompañar esa obsesión. «Siempre me quería ir para casa después de entrenar, pero Larry se quedaba mucho rato tirando a canasta; yo le acompañaba hasta que se aburría.»

Su relación se estrechó y el estilo del entrenador se adaptó a la perfección a la nueva estrella del instituto. En su galpón, Gary mira la canasta. Lo hace de reojo, como con ganas de echarse otro tiro. El mono del tirador. Y recuerda: «¿Para qué íbamos a dar veinte pases, como querían los entrenadores de la vieja escuela, si podíamos tirar desde siete metros? Yo les decía que le diesen balones a Larry, y listo». Aupado por un juego que le permitía sacar a relucir todo su talento, el nombre de Larry Bird comenzó a sonar más allá de French Lick, de la mano de Gary Holland. Se hablaba de un fenómeno pocas veces visto, de la *gran esperanza blanca*. Un chico de 2,06 que pasaba como el mejor base, tiraba de manera excelsa y que, además, era tremendamente competitivo. Como era obligado en aquellos tiempos, la Universidad de Indiana, equipo referencia del baloncesto estatal, intentó reclutarlo.

Lo consiguieron, pero había ingredientes que no casaban en el cóctel. El entrenador de la universidad era el tan polémico como reconocido Bobby Knight[69], un carácter antagónico al de Holland. La sede del centro estaba en Bloomington, a dos horas de French Lick, con ciento noventa y ocho mil habitantes más que los dos mil del pueblo natal de Bird. Y la relación no duró más de un mes.

69. Entre las mil anécdotas que reflejan el carácter de Bobby Knight está la del Panamericano de San Juan de 1979, en la que participó la primera selección puertorriqueña de carácter nuyorican. Por aquel entonces seleccionador estadounidense, Bobby Knight agredió en un momento del torneo a un policía puertorriqueño, hecho que calentó todavía más el enfrentamiento entre la selección estadounidense y la de Puerto Rico.

Cansado de las broncas de su técnico, de tanto estudiante y tanto hippie, Larry estaba de vuelta en French Lick a las semanas.

Encontró refugio en las sombras baloncestísticas de la pequeña facultad del Northwood Institute, pero también acabó por dejarla. Esa temporada 1974-1975 la pasó jugando en una liga amateur y conduciendo el camión de la basura para el ayuntamiento de French Lick. Su nueva vida le gustaba. Su carrera deportiva parecía haber llegado a su fin. Un relato que nadie más allá de French Lick conocería, el de Larry Bird, el señor ese que anda por ahí con el camión de la basura, ¿lo ves?, que dicen que pudo haber sido profesional y nunca quiso o pudo o supo serlo.

De cara a la siguiente campaña, la Universidad de Indiana State, con un proyecto mucho más humilde que el de Bobby Knight, le ofreció una beca a aquel talento descomunal que estaba en riesgo de no moverse de French Lick en toda su vida. Alertados sobre el apego de Bird con su pueblo, los reclutadores de Indiana State estuvieron avispados. Buscaron a Gary Holland. Le dijeron, oye, Gary, qué podemos hacer. Su exentrenador y confidente se lo explicó: «Les dije que se llevaran a un amigo con él; que si querían que estuviese a gusto, tenían que llevarse a parte de su casa para que le acompañase». Kevin Carnes, hermano de su mejor amigo, James «Beezer» Carnes, acudió con Larry a las primeras pruebas. También fue reclutado Danny King, otro chaval del instituto de Springs Valley. Y en Indiana State esperaba ya un conocido y excompañero de Larry, un tal Tony Clark. Ahí tenía su pequeña burbuja familiar.

No pudo funcionar mejor. En Indiana State, Larry Bird destacó hasta convertirse en el mejor universitario junto con Magic Johnson, de Michigan State. Llegarían luego sus épocas doradas en Boston Celtics. Tres anillos de la NBA, otros tres MVPs de la temporada, uno de los mejores jugadores de la historia del baloncesto, un elemento capital en el despegue de la NBA en la década de los ochenta. Toda una serie de logros que Gary Holland presenció desde Paoli. Modesto hasta el tuétano, Gary ha desechado el papel crucial que jugó en la biografía que luego colocó en un pedestal: «¿Yo? ¿Importante? *Nah*, qué va».

Caminamos desde el galpón hacia su casa. Paso a paso por un senderito que ha construido con piedras y gravilla, Gary aprovecha para cambiar de tema. Retoma la importancia de cortar bien el césped, concepto que repetirá varias veces más. Dentro de la vivienda, tres plantas de unos doscientos metros cuadrados cada una, le cuenta a su mujer que han venido a hablar con él desde Europa, qué locura. Sin que ella lo escuche, nos susurra que su esposa lleva años queriendo viajar, a España, a Italia. Pero que a él no le apetece. «Creo que el viaje más largo que he hecho en unas vacaciones ha sido a Ohio; lo hice con unos amigos cuando tenía dieciocho años.» Baja las escaleras hacia el sótano. Silencio. Y tras lo que parece una sesuda reflexión, completa: «La verdad es que no me gusta salir de casa».

Si hizo algún viaje en los últimos cuarenta años fue porque aceptó unas pocas de las muchas invitaciones que le mandó Larry cuando ya se había convertido en estrella mundial. Para que diese charlas, para recoger premios en su nombre, para ver sus partidos en Indianápolis, en Boston, en Chicago. «Recuerdo ver uno de los primeros partidos de Michael Jordan, fue impresionante.» Pero se perdió la mayoría. Entre ellos, la mítica final de la NCAA entre la Indiana State de Bird y la Michigan State de Magic Johnson, el partido más visto en la historia de la liga universitaria, el duelo perfecto entre el básquet urbano, negro, representado por Johnson, y su antagonista rural, blanco, hoosier. «Tenía que dar clase el lunes... si fuese hoy, no sé, igual sí hubiese ido.» Y cuando Gary intenta imaginarse como jugador profesional, como Larry, siempre el mismo impedimento. El de los viajes, el trasiego, los kilómetros. Tanto tiempo lejos de su casa. «De verdad que no sé si podría hacerlo, no sé cómo pudo.»

En el sótano, Gary Holland muestra los recuerdos de su expupilo, amigo e ídolo. Estadísticas, fotos, artículos, camisetas que salen de cajones, arcones, de debajo de la cama. Un largo etcétera de objetos que evocan la carrera de *the hick from French Lick*[70]. En uno de esos escondites guardó el famoso anillo que le regaló a él y a todos los entrenadores de su carrera deportiva. Cada uno con treinta y tres diamantes, el número que Bird portó durante trece temporadas en los Boston Celtics.

Antes de despedirse, Gary confirma la historia que su primo Keith narra por el pueblo. La de los robos. Explica que han entrado en su casa cuatro veces. Que al menos una fue para llevarse el famoso anillo. «Estoy seguro, porque yo antes lo llevaba puesto y todo el mundo sabía que dejaba el anillo dentro de las zapatillas cuando me cambiaba en el gimnasio, y cuando entraron en casa solo se llevaron dos cosas: una camiseta de los Celtics con el número

70. La traducción sería algo así como «el paleto de French Lick».

de Larry Bird y esas zapatillas; el resto lo dejaron: ordenador, televisiones, teléfonos...»

Ya de camino al coche, cuando le preguntamos otra vez qué cree que hubiese sido de Larry Bird sin su mediación, Gary parece darse cuenta por un segundo. Y exclama: «Pues imagínate, ¡sería un tipo como yo!».

Puede que el anillo con sus treinta y tres diamantes fuese una forma de recordárselo. De decirle, Gary, coño, que eres más importante de lo que piensas, que jugaste con Wes Unseld, que metiste cuarenta puntos un día en el instituto, que en tu galpón no hay una canastita, que hay una maldita pista de básquet, que la historia de Larry no se puede contar sin ti. Pero según confiesa, ya ni siquiera tiene el anillo en casa. Lo ha guardado en la caja fuerte de un banco. Para que nadie se lo robe. Para vivir libre de cargas y ser lo que siempre ha querido: un humilde chico de campo.

Arrancamos. En el retrovisor se refleja la casa de los Holland, allá arriba, en la cima de la colina. Gary camina lentamente hacia su máquina de cortar césped.

Antes de que anochezca, todavía nos da tiempo de cubrir los diez kilómetros que nos separan de French Lick. En un pequeño barrio de casas humildes, Washington Street, sobrevive la canasta en la que Larry Bird empezó a jugar. Cuelga de una pared de madera torcida, desvencijada, parte de su antigua vivienda familiar. Caminamos unos metros hacia el bar 33 Brick Street. Picoteo rodeados por todos los recuerdos posibles del único referente en esta tierra: premios de MVP, camisetas, fotografías, el número 33 por todas partes. Larry, Larry, Larry. Todo sobre Larry.

Ya de camino a las montañas, a las afueras del pueblo se divisa la mansión que Bird le construyó a su madre con sus primeros contratos NBA. Fue ahí, entre dos canastas que ya no colgaban de paredes de madera a medio caer, sino que se levantaban sobre una pista reglamentaria de cemento, donde Bird grabó aquel famoso anuncio de Converse junto a Magic Johnson[71].

Aislada entre colinas, con solo bosque y césped a la vista, con sus canastas legítimas. La casa de Larry Bird recuerda mucho a otra no muy lejana.

71. En el documental de la HBO *Magic & Bird: A Courtship of Rivals* se muestra como la grabación de ese anuncio en 1985 fue un capítulo trascendental en la relación de ambas estrellas. Hasta ese momento rivales acérrimos en la NCAA y la NBA, Magic y Bird dieron ahí el primer paso para acabar convirtiéndose en amigos íntimos.

GIANNIS EN LOS APALACHES

Mediodía del 22 de julio en Mount Hope, West Virginia. Llevamos casi una semana instalados en este punto perdido entre las montañas de los Apalaches. Tiempo para descansar del calor entre cañones, ríos, bosques. Noches de hoguera, estrellas y fresco junto a las gargantas del New River[72]. De buena música con Reverend Payton, Miley Cyrus[73] y Ray LaMontagne mientras olvidamos los sofocos de jornadas anteriores. Los que están por llegar.

Hace doce días que dejamos atrás a Gary Holland para poner dirección este. Atravesamos primero las colinas del sur de Indiana, luego las lomas de Kentucky a través de las que dicen que son las carreteras más bonitas del país.

72. Unos cien kilómetros río abajo de donde nos instalamos está el pequeño pueblo de Belle, casa de solo mil vecinos, pero dos personajes famosos: Jason «Chocolate Blanco» Williams, icónico base de la NBA; y el que fue su compañero en el equipo de básquet del instituto, Randy Moss, uno de los mejores receptores de la historia de la NFL. Buena cosecha.

73. Sí, Miley Cyrus, muy buena música. El que no se lo crea que escuche sus versiones de Dolly Parton, Bob Dylan o Tom Petty.

Campos de bluegrass, el famoso pasto azul típico de este estado. Caballos, calor. Gente con polo, chinos y mocasines; estética ecuestre y de campo de golf. Una especie de señoritos andaluces que consumen bourbon en vez de vino manzanilla.

Entramos al estado de Kentucky por Louisville, la ciudad donde Gary conoció a Wes Unseld. Donde Muhammad Ali, en aquella época todavía Cassius Clay, repartió sus primeros puños. Más al este, Lexington fue el escenario del primer accidente. Conducíamos marcha atrás por el centro cuando, ¡pum!, impactamos con otro vehículo que circulaba de manera correcta. Su conductor se bajó. Nosotros aceptábamos el fin del viaje. Pero él, sudado y nervioso, sin culpa alguna en el incidente, no debía de tener seguro. O quizás había robado el auto. O quién sabe. Preguntó si estábamos bien y optó por marcharse cuanto antes, pese a que se había llevado la peor parte.

Al rebufo de la buena noticia nos acercamos a conocer las instalaciones de la Universidad de Kentucky en Lexington, la factoría de básquet masculino más exitosa de la actualidad. En sus pasillos, fotos de Tyler Herro, Bam Adebayo, De'Aaron Fox, Jamal Murray, Karl-Anthony Towns, Devin Booker, Anthony Davis. La pléyade de estrellas de la NBA que han pasado por este campus es escandalosa. El centro impresiona: gimnasios y pistas que parecen recién construidos, oficinas, salas de recuperación y decenas de trabajadores que preparan la próxima temporada de quince chicos universitarios que simplemente han tenido la suerte de ser muy buenos en esto.

Tras el paso por Lexington nos adentramos, por fin, en los Apalaches. Entre sus sierras, el calor se mitigó. Y es una pena. Si no fuese porque este viaje tiene que llegar al Pacífico más pronto que tarde, Mount Hope, el pueblo donde nos hemos instalado, sería el lugar perfecto para pasar lo que queda de verano. Y no solo por el clima.

Porque algo sucede en este pueblo alicaído de mil doscientos habitantes, cuyo nombre parece hoy un chiste de mal gusto. Mount Hope son edificios de ladrillo visto en los que se nota el paso del tiempo, vías por las que ya no pasan trenes, carteles ajados que anuncian estrenos de películas ya viejunas. Pero entre esos restos y estertores del bum del carbón en los Apalaches, las historias nacen con una frecuencia inusual, como espoleadas por algún mineral desconocido.

Tuvo lugar aquí uno de los capítulos más fascinantes del primer oro negro. Y lo curioso: lleva el apellido gallego de los Troitiño[74]. También el relato de una antigua estrella del fútbol americano, Lonnie Warwick. E incluso una de esas narraciones *qué fue de*. La de Earl Jones, que iba para fenómeno del baloncesto, fue drafteado por los Lakers y pasó sin pena ni gloria por canchas de todo el mundo, la del Joventut de Badalona incluida. Earl vive hoy en un apartamento social de Mount Hope. No quiere recibir a nadie. Y tan alto es que, para echar a los que llegamos hasta la entrada de su casa preguntándose qué fue de él, tiene que agacharse para no dar con la cabeza en el marco.

Todas ellas tienen algo en común: son historias migrantes, vidas viajadas que acabaron en estas montañas.

74. Los Troitiño —pronunciado por estos lares como *Trotinio*— son una familia cuya historia va de un pueblo de Pontevedra a Mount Hope, pasando por varios lugares y eventos emblemáticos del siglo xx. Su historia da para un libro.

Mount Hope tenía preparada aún otra más, guardada en la recámara. En el Pour Bar House, local de carretera, a unos kilómetros del centro. Aparcamiento de gravilla sin coches, árboles por doquier, camionetas pick-up surcando el asfalto. David, el vecino más hospitalario del pueblo, uno de esos que recoge las historias del lugar para contárselas al que se pare unos minutos con él y con su perro, quiso celebrar en este bar una pequeña despedida antes de que volviéramos a emprender nuestro viaje.

Media hora antes de llegar al Pour House estábamos en casa de David. Entre cervezas, vigilados por un retrato en tamaño real de Jerry West[75], escuchábamos sus historias en el porche trasero de su vivienda de madera. Hasta que, de repente, los ojos de David se abrieron. Como platos. Y por qué no, preguntó, rematar la despedida con unos *West Virginia style hot dogs*. Unos perritos calientes acompañados de ensalada de col, chili, mostaza y cebolla. «En el Pour Bar House, aquí al lado, los hacen buenísimos, tremendos», explicó.

Hacia allá nos dirigimos. Pero tan pronto como cruzamos la puerta, los perritos quedan en segundo plano.

Tan entrañable como adicto al baloncesto, David ha encontrado en las pantallas del bar dosis de metadona: Giannis Antetokounmpo anda haciendo sus cositas. El jugador griego de los Milwaukee Bucks, recién nombrado MVP de la temporada 2018-2019, recorre la pista en dos

75. Nacido en 1938 en Cheylan, a sesenta kilómetros de Mount Hope, Jerry West acabó por ser leyenda en la Universidad de West Virginia y en Los Ángeles Lakers, donde formó una pareja mítica con Elgin Baylor conocida como *Mr. Inside and Mr. Outside*. También, como es sabido, su silueta fue elegida para diseñar el logo de la NBA.

botes y cuatro pasos. *Coast to coast* de los de verdad: mate y a defender. Es un partido repetido, hace ya mes y medio que la competición ha finalizado, pero poco le importa a David, que disfruta como si estuviera viéndolo en directo en el Fiserv Forum. También lo hace tras la barra la patrona del Pour House Bar, Wanda López. Ella sigue el partido con atención, sin ningún cliente al que atender hasta que hemos entrado.

Pasa un minuto, pasan dos, nadie habla. Tiempo muerto. El partido da paso a los anuncios. Y David comenta, confundido:

—Wanda, no tenía ni idea de que te gustase el baloncesto.

—Y es que no me gusta —contesta ella desde el otro lado de la barra, mando en mano, ojeando de reojo la televisión por si comienza de nuevo la retransmisión—. Si te digo la verdad, nunca me interesó. Pero un día escuché la historia de este chico, de Giannis, y me quedé enamorada. Ahora intento ver todos sus partidos, sigo todo lo que hace, hasta sus ruedas de prensa.

David, una de esas personas con la capacidad de sorprenderse por eventos anodinos para el resto, se ha quedado fascinado. Pero Wanda, por favor, cómo no lo podía saber. Con lo que ella explicará a continuación, nuestro anfitrión tendrá para un nuevo relato. Otro más en su mochila de historias orales, esas que le va contando a todo con el que se cruza por Mount Hope. Relatos que, aunque insustanciales a simple vista, esconden valiosas metáforas del mundo en el que nacen.

El de Wanda será un cuento que hable de familias en movimiento, en busca de una forma de sobrevivir. De esa máxima pronunciada por Theodore Roosevelt[76] sobre la que hoy se ha aplicado una amnesia selectiva: que todo estadounidense es hijo de un revolucionario o de un inmigrante. Serán líneas de historia que se podrán contextualizar con partituras musicales. Será, en definitiva, otra historia americana.

Comenzará David su relato explicando que Wanda nació aquí, en estas montañas que algún día fueron territorio cherokee. Lo fueron hasta que las primigenias colonias europeas de la Costa Este quisieron expandir su dominio sobre Norteamérica. Los Apalaches eran su frontera con lo desconocido y los cherokees fueron expulsados, aniquilados entre finales del XVIII y principios del XIX por colonos pobres llegados de Escocia, del norte de Inglaterra y de Irlanda. Traían con ellos un pasado de guerras constantes, de una brutalidad aprehendida, y funcionaron como la punta de lanza del mundo blanco y rico en su expansión. Fueron el salvajismo de una supuesta civilización en su genocidio de una civilización supuestamente salvaje.

Pasaron los años. Los Estados Unidos se extendieron más allá de los Apalaches, hasta el Océano Pacífico. Y los colonos llegados de Gran Bretaña se quedaron aquí, como si el progreso no quisiese subir a estas montañas; como si el rol de marginados, de salvajes, fuese asociado a la tierra que conquistaron.

Dejados de la mano de dios, entre montañas y valles, sobre estos habitantes de los Apalaches se crearon numerosos prejuicios y estigmas. Eran asilvestrados, violentos, incultos. Eran Cletus, el de Los Simpson, hijos de primos,

76. Presidente de los Estados Unidos entre 1901 y 1909.

miembros de clanes que se mataban entre ellos. Pero entre bambalinas participaron en un crucial capítulo del árbol genealógico de la música americana. El folk que habían traído consigo de las Islas Británicas se acostó aquí con la música afroamericana, en flujo desde el sur. Adoptaron instrumentos afro como el banjo, también sus ritmos, y los ensamblaron con los violines que habían traído desde Europa. Brotó otra rama más en el árbol, con nombres y protagonistas varios. Bluegrass, country, folk, canción protesta. Pete Seeger, Joan Baez, Woody Guthrie, Joni Mitchell, Bob Dylan. *O'Brother*[77]. Toda una variedad de nombres bajo un mismo paraguas: *americana*.

Pocos representaron esa herencia mestiza mejor que el cantautor Townes Van Zandt, uno de los mejores letristas en la historia de la música norteamericana. Nacido en Texas y muerto en el desahucio vital de una caravana a las afueras de Nashville en 1997, a los cincuenta y dos años. Él, con la cosmogonía propia de sus canciones, pintó los trazos que los Apalaches le dieron al género americana. Historias melancólicas, marginales, de vidas en constante viaje como las de aquellos colonos británicos. De amores perdidos y de una vida en estrecha relación con la naturaleza. Una continua banda sonora para un viaje por estas montañas. Como «Tecumseh Valley», el tema sobre la hija de un minero que baja a buscarse la vida a un valle donde el carbón ya no es el oro negro.

77. Dirigida por los hermanos Coen, esta película representa a la perfección esa unión de blues y bluegrass, de tradición negra y europea, con el encuentro de sus protagonistas blancos y un tipo que evoca a Robert Johnson, leyenda de la música afroamericana.

The name she gave was Caroline
Daughter of a miner
Her ways were free
It seemed to me
That sunshine walked beside her[78]

Y Wanda López, continuará David, no se llama Caroline, pero bien podría. Porque la mujer que sigue tras la barra del Pour House Bar con la mirada fija en Giannis llegó al mundo en Mount Hope, antigua villa del carbón, hija de una mujer estadounidense y un minero mexicano que acabó por estos lares de rebote, como casi todos. Este le solía contar a Wanda que había combatido en México con el ejército de Pancho Villa. Que, una vez, cuando lo iban a pescar, cruzó la frontera. Que se fue a Chicago, luego a Wisconsin, más tarde a Míchigan. Pero que ya por aquel entonces, en la década de los treinta del siglo XX, en las calles del norte de los Estados Unidos se empezaba a hablar del oro negro, de los miles de trabajos que había en las minas de Kentucky, Pensilvania, West Virginia. En unos Apalaches de mala reputación. Que allí se fue. Y que en 1946, con cincuenta años y muchos viajes a su espalda, la tuvo a ella: Wanda Arthur, que así se hace llamar todavía cuando habla con estadounidenses, por eso de que no la encasillen como latina. Wanda López, cuando se siente cómoda para utilizar el apellido del padre que luchó con Pancho Villa.

78. Decía que se llamaba Caroline / la hija de un minero / era libre / y me parecía / que la luz del sol caminaba a su lado.

Fueron emigrantes como él, atraídos por la pujanza de las industrias maderera y carbonera desde el siglo XIX, los que construyeron Mount Hope y muchos otros pueblos de los Apalaches. Lugares incomunicados se expandieron. Los descendientes de aquellos primeros colonos británicos vieron llegar a familias checoslovacas, como mis ancestros, dirá David. Negros del sur, como la familia de Earl Jones, ese que hoy casi no cabe por la puerta de su casa. Españoles escapados del fascismo. Mexicanos. Épocas en las que Mount Hope y los Apalaches eran políglotas, multiculturales y revolucionarios[79].

El desmembramiento de todo ello le pilló lejos a Wanda. Le pasó como a la Caroline de la canción de Van Zandt, que parecía destinada a vivir en libertad, a dar vueltas como una *ramblin' woman*. Su madre se divorció y se fue con ella lejos de aquí. A Colorado. Luego, por su cuenta, a Nevada, Arizona, Nuevo México. A Hawái y a Washington DC. A Alemania y a México. Regresó a Mount Hope para ver a su padre morir. Para abrir el Pour House Bar. Hasta que se marchó otra vez. Y en 2010, finalizadas todas sus vueltas al mapa, sin sitio al que llamarle casa, Wanda protagonizó un último retorno a su pueblo natal para reabrir el Pour House Bar.

Tanta carrera le permitió a Wanda ganarle algún metro al tiempo. A sus sesenta años aparenta muchos menos. Es

79. Mineros sindicalistas de West Virginia, como el padre de Wanda, protagonizaron las sublevaciones populares más importantes de la historia de este país desde la Guerra Civil. La de mayor importancia fue la Batalla de Blair Mountain, a un par de horas de Mount Hope por carretera, en la que diez mil mineros armados se enfrentaron a policías, patrones, esquiroles, agentes federales y, finalmente, al ejército estadounidense.

risueña, divertida. Pelo corto, tez morena, sonrisa sempiterna. Si uno se fija, puede verle rasgos del padre del norte de México, nacido en un pueblo del que no recuerda el nombre y del que heredó un apellido que dice haber escondido por el bien de su carrera profesional. «Para que no piensen que soy latina. Aquí cada vez hay más racismo. Me complicaría mucho la vida. Fíjate, este país y este estado se formaron con gente que venía de fuera, y resulta que ahora se les rechaza.»

Hace no mucho, en una de esas tardes en las que no había clientes con los que matar el tiempo, un partido de baloncesto apareció en la televisión de su bar. Wanda encontró en ese momento a Giannis Antetokounmpo, ahora una especie de referencia ética para ella. «Me gusta por lo humilde y lo trabajador que es, porque su historia es como la de este país.» Desde aquel día, la mujer que no había visto un partido de básquet en su vida sigue todos los encuentros de Giannis de principio a fin, en directo o en diferido. Sus apariciones mediáticas, sus ruedas de prensa, sus actos benéficos. Sus partidos con la selección griega. Todo.

Su pequeña fijación le ha dado para saber todo lo que se puede conocer sobre la vida del griego. Y David, fascinado, escucha desde el otro lado de la barra la retahíla de datos. El hijo de una familia nigeriana refugiada en Grecia. El niño que soñaba con jugar al fútbol cuando un entrenador lo encontró vendiendo en las calles de Atenas y removió cielo y tierra hasta hacerlo jugador de baloncesto. Aterrizado en la NBA con diecinueve años. Escogido mejor jugador de la liga en este 2019, a la edad de veinticuatro. Tercero de cinco hermanos, dos de los cuales juegan también en la liga. Un tipo con el deseo de hacer carrera deportiva y ganar un título en Milwaukee[80], un mercado pequeño que le ofreció la posibilidad de convertirse en uno de los mejores jugadores del mundo. Filántropo, íntegro, solidario, Giannis no se ha olvidado de sus raíces, de los humildes. Y por último, como apunte de la experta que es en el tema, Wanda remata: «Khris Middleton, un chico muy sencillo también y muy buen jugador, el mejor compañero que tuvo Giannis este año».

Contador de historias, a sabiendas de que ha encontrado oro en el río con su batea, David sonríe. Y solo acierta a exclamar: «*Wow!*».

El griego ha pasado de este modo espontáneo a representar para Wanda lo que significa el sueño americano. Esa ensoñación que habla del *land of the free*, del ascensor social al que cualquiera que llegue a este país puede subirse a base de trabajo. Onanismos mentales, mitología. Cosas que a muchos estadounidenses les reconforta pensar que algún día fueron ciertas. Que para muchos nunca lo fueron, ni siquiera en la época del padre de Wanda. Que desde luego hoy no lo son. Porque ella, para que la vida la siga tratando bien, prefiere hacerse llamar Wanda Arthur.

La historia de la Caroline de Van Zandt finalizaba de forma trágica: suicidada bajo el prostíbulo donde había acabado trabajando, hundida en un valle donde no era fácil buscarse la vida desde que el carbón pasó a valer poco

80. Lo consiguió: en julio de 2021, Giannis Antetokounmpo lideró a los Milwaukee Bucks a su primer anillo en cuarenta y cuatro años. En el sexto y definitivo partido de las finales acabó con cincuenta puntos, catorce rebotes, cinco tapones, dos asistencias y un diecisiete de diecinueve en tiros libres, su principal punto débil. Fue nombrado MVP de las finales.

o nada. Wanda es su versión para todos los públicos. Su futuro está solucionado después de años trabajando. Y ante un país que ya no siente como tan suyo, ha buscado una forma de evadirse de él tras la barra de su bar: Giannis Antetokounmpo. Lo ha hecho vivir en los Apalaches, el terreno menos esperado. Un lugar en el que la música negra se acostó con la blanca, donde hay historias de gallegos exiliados, de exjugadores de básquet llegados del sur, de checoslovacos construyendo historias de generaciones. Pero en el que, paradoja canalla de muchos sitios de migrantes, la xenofobia es hoy la norma.

Pasan las horas. El bar sigue medio vacío. La televisión está ya apagada. Suena una emisora con algo de rock de la vieja escuela. Solos de guitarra, letras que hablan de carretera, viajes y montañas. Wanda prepara en la cocina sus famosos perritos calientes. David, codos apoyados en la barra, manos en el rostro, procesa su nueva historia. La de Giannis en los Apalaches. Se la ha encontrado sin quererlo en el interior del Pour House Bar.

Salimos al rato desde el aparcamiento de gravilla. Hasta hace poco no teníamos un objetivo, un plan que seguir, pero la espera por los perritos nos sirvió para perder tiempo con el móvil. Y, de paso, dar con una nueva historia. Esperaba en la hemeroteca de un periódico, olvidada. El relato de Schuye LaRue, exjugadora universitaria que apuntaba al estrellato y acabó viviendo en las calles de Washington DC.

Buscarla implicaría volver hacia la Costa Este, deshacer lo andado, perder el poco sentido geográfico que esto tenía. Pero en un viaje así una buena historia pesa más que la coherencia.

Próxima parada: algún lugar donde hacer noche al este, todavía entre los Apalaches. Destino final: Washington DC. Abrimos la ventanilla. Entra una brisa fresca. El sol se pone. Mount Hope, West Virginia, que nos despide.

BUSCANDO A SCHUYE LARUE POR LAS CALLES DEL DC

Noche de lunes, 29 de julio. Salimos del aparcamiento del Pour House Bar de Mount Hope. Los frenos de la Dodge comienzan a relinchar en cada descenso por las montañas de los Apalaches. Aviso: necesito ir al mecánico, no me forcéis. Bosques. Más bosques. Gasolineras estancadas en el tiempo. Reparamos el coche en algún punto cerca del Monongahela National Park, donde todo lo que se ve son árboles.

Seguimos. De repente, Washington DC. Luces de ciudad a lo lejos. Rascacielos, monumentos, edificios oficiales. El ambiente fresco de las sierras desaparece para dar paso al calor sofocante, la humedad. A la modernidad, que en este país va asociada en gran parte a las costas.

Con menos fama que Nueva York, Boston o Chicago, la capital acoge desde el primer minuto con su propia identidad. Estilosa, abierta, elegante. Pero, al mismo tiempo, desequilibrada. Es el producto de un choque de realidades que se aprecia nada más poner un pie en el downtown.

Gente bien vestida, de camisa o de falda de etiqueta, se escapa a paso ligero de su jornada en los cientos de firmas privadas, agencias federales y organizaciones supranacionales con sede en el DC. *Why is everybody in such a fucking rush?*[81] Los más afortunados se van a un bar, a un club. A pasar una noche de cócteles, cervezas IPA y vinos europeos o californianos antes de acostarse.

Mientras, cruzándose con esa ciudad de privilegios pero sin que lo hagan sus conversaciones, siquiera sus miradas, las seis mil quinientas personas que son consideradas sintecho en Washington DC se dividirán entre las que pasarán la noche en un albergue para personas sin domicilio y las que empiezan a estas horas a buscar un banco una esquinita para pasar otra velada más.

Nadie sabe qué hará esta noche Schuye LaRue.

Año 2015. *The Washington Post*, páginas de deportes, noticia de impacto. Tras años desaparecida de la vida pública, Schuye LaRue, exestrella universitaria de baloncesto, ha sido encontrada durmiendo en las calles de la capital.

Año 2017. ESPN estrena un documental: *Searching for Schuye*. Retrata el día a día de esta mujer que deambula entre los albergues para los sintecho y las calles de Washington. La vida de aquella alero de 1,91, llamada a marcar una época en la Universidad de Virginia a comienzos del siglo XXI, había desembocado en esquizofrenia y noches al raso.

Se cuenta que la de Schuye fue una caída en picado.

81. «¿Por qué tiene todo el mundo tanta puta prisa?» Letra de una de las canciones de Ian MacKaye, ilustre vecino punkarra de Washington DC y líder de Minor Threat y, posteriormente, de Fugazi.

En sus años de instituto, la aliteración de su nombre —pronunciado como *sky*— hacía referencia a que su límite estaba ahí, en el cielo. Era un diamante en bruto. Se la comparaba con Chamique Holdsclaw, por aquel entonces la estrella de las Washington Mystics de la WNBA, la franquicia de su ciudad natal. Incluso en el año 2000, cuando Schuye todavía estaba en el instituto y su nombre comenzaba a circular por los mentideros del básquet, la propia Chamique Holdsclaw tuvo a bien nombrarla su heredera. Habían coincidido en un pabellón del DC. Se presentaron. Jugaron un uno contra uno. LaRue le dio guerra. Holdsclaw le confirmó lo que se decía. Eres muy buena, sigue así, llegarás alto.

Lo hizo, al menos durante un tiempo. Aupada a la categoría de promesa nacional tras su etapa de instituto, Schuye puso rumbo a la Universidad de Virginia. Promedió catorce puntos y ocho rebotes en su primera temporada en la NCAA. Se salió en la segunda. Y sin embargo, lo que parecía el principio de una carrera era en realidad el epílogo. LaRue hizo pública su renuncia a los tres últimos años universitarios. Se marchaba a Italia, a jugar como profesional en Venecia. Una decisión extraña. Más sorprendente fue que abandonase el equipo trasalpino al poco de llegar. Las razones, desconocidas. Tras el enigmático capítulo y dos años en los que no se supo nada de ella, su nombre reapareció. Era 2003, había sido drafteada por Los Ángeles Sparks de la WNBA. Se confiaba todavía en su potencial.

No llegó a debutar. Su relación con la franquicia angelina se resumió en tres entrenamientos y un comunicado de prensa: Schuye LaRue no estaba en el estado mental óptimo para jugar. *The end.*

El nombre de Schuye regresó al modo incógnito, esta vez durante bastante tiempo. Pasaron nueve años, hasta 2012. Chamique Holdsclaw, con la que la habían comparado, la que vio en ella a una futura estrella, entra a un restaurante de Washington DC. Viene de jugar un partido de la WNBA. Los empleados intentan echar a un vagabundo, a uno de los muchos *homeless* que viven en la capital. Cuando se dirige al supuesto él, Holdsclaw se da cuenta de que es una mujer. El libre albedrío puede ser muy cruel. Bajo aquel abrigo se escondía Schuye LaRue.

Schuye sigue viviendo en estas calles, una cifra más dentro de un problema endémico en Estados Unidos. Más de medio millón de personas viven sin casa en 2019. Hacen noche en los asientos de su coche en aparcamientos al aire libre, en tiendas de campaña que plantan en plena San Francisco, en Los Ángeles, en albergues para personas sintecho en Nueva York. Son un 0,17% de la población. Casi un 1% en Washington DC, una ciudad de unos setecientos mil habitantes en los que seis mil quinientos no tienen hogar. Son el producto de una trituradora social llamada Estados Unidos.

Su altura, no su historia, es lo que hace a Schuye una de las personas más reconocidas entre la comunidad sintecho del DC. En Franklin Square, en McPherson Square, en pleno centro de la ciudad, todos saben quién es solo con describirla.

—*Black, tall, woman*?

—*Yeah, sure, I know who you mean.*[82]

82. «¿Mujer, negra, alta?» / «Sí, claro, sé a quién te refieres.»

Es jueves 1 de agosto, media mañana. Paseamos entre las calles y avenidas que trazó el Plan L'Enfant, el proyecto de desarrollo urbanístico que George Washington —presidente de unos Estados Unidos recién independizados— le encargó en 1791 a Pierre Charles L'Enfant. Su misión no era sencilla: crear de cero la capital del nuevo país en la ribera del Potomac. Por sus diseños perfectos pasan hoy buses turísticos y buses urbanos, gente trajeada y turistas en bermudas, oficinistas hablando por los AirPods y guías micrófono en mano.

En los bancos y en el césped de las plazas, la realidad paralela: los sintecho. Ellos cuentan que lo normal es que Schuye aparezca por Franklin Square por la noche. O que esté en los soportales del 7Eleven, una manzana al norte. Que estar, estará. Seguro.

Jalen, uno de los que pasa el día en Franklin Square, se ofrece a encontrarla a cambio de cinco dólares. Billete en mano, pasa primero por un 7Eleven cercano. Luego por la farmacia CVS. Explica que lo más probable es que esté allí, que esperemos en la puerta, que ahora sale. Pasan diez minutos y por allí no asoma Schuye, tampoco Jalen. Se ha ido por la puerta de atrás. Con los cinco dólares. De vuelta al parque.

En ambos establecimientos los dependientes confirman que sí, que conocen a Schuye, pero que hace semanas que no la ven. La respuesta se repite en la Iglesia Presbiteriana de la New York Avenue, unas manzanas al sur. Es mediodía y en la entrada un grupo de voluntarios reparte comida para los sintecho del barrio. Dentro, explican que quizás esté en un albergue o en otras partes de la ciudad donde pasa su tiempo cuando no está en el centro. Que, en cualquier caso, es mejor regresar a última hora, cuando muchos sintecho intentan hacerse con un cobijo para pasar la noche.

Nos vamos. Fuera, en la puerta de la iglesia, una cola da la vuelta a la manzana. Más de cincuenta personas esperan su ración diaria de comida.

Su problema, el de Schuye LaRue, el de miles en Washington DC, no es algo reciente en este país. Algunos expertos marcan su comienzo en la Guerra Civil de mediados del siglo XIX, cuando miles de veteranos y exesclavos ya no tenían donde caerse muertos. El número de ciudadanos sintecho repuntó tras el crac financiero de 1929 y la consecuente crisis económica. Después de la guerra de Vietnam, cuando se tornaron mediáticos los veteranos que como Rambo no tuvieron otra que vagabundear, que ser vejados por el país adelante. Las dos legislaturas consecutivas de Ronald Reagan[83] y la tendencia que marcaron supusieron la traca final. Se horadó hasta el hueso el estado del bienestar. Y este desvanecimiento del sistema social fue indirectamente proporcional a la aparición de miles de tiendas de campaña en las calles del país.

Así, la plaga que en 2019 mantiene sin hogar a más de medio millón de estadounidenses solo se puede entender como un fallo multiorgánico cuyas causas y consecuencias están interrelacionadas. Un racismo sistémico e histórico que ha hecho que los que no tienen la piel blanca la sufran

83. Presidente entre 1981 y 1989, cruzado del neoliberalismo salvaje de finales del siglo XX junto con Margaret Thatcher y que, en todo su esplendor, afirmó que mucha gente vivía en la calle «porque quería».

en mayor proporción, como con tantas otras problemáticas. Una desigualdad económica entre clases cada vez más disparada. Un sistema de salud público precario o inexistente. El consecuente abandono que viven unas enfermedades mentales que, en muchos casos, tienen su origen en la precariedad. La política de encarcelamientos masivos. La epidemia de opiáceos avivada por grandes farmacéuticas y distribuidoras. Y la guinda al pastel del sinhogarismo: la falta de control sobre los precios inmobiliarios en grandes ciudades como Nueva York, Los Ángeles, San Francisco o Washington DC.

El caso de Schuye LaRue se construyó como la mayoría: un combo de muchos de estos factores. Nacida en un barrio conflictivo del sur de Washington, en una familia afroamericana con pocos recursos para la que el baloncesto parecía la salida del agujero. Hasta que la fuga del gueto se frustró. Y cuando la pelota ya no sirvió para nada, solo quedó un vacío enorme.

Su madre contó tiempo después que Schuye había sido diagnosticada en 2002 de esquizofrenia. Fue el mismo año en que se marchó a Italia de forma repentina, sorprendiendo a todos en la Universidad de Virginia. Abortada su aventura en Europa, ya de regreso en Washington DC, la ecuación del gueto golpeó su línea de flotación: su hermano pequeño apareció muerto con un tiro en la cabeza en octubre de ese mismo año, producto de un trapicheo mal avenido. Los síntomas de la esquizofrenia de Schuye se agravaron. Esa fue la razón por la que las Sparks prescindieron de ella en 2003.

La condición de Schuye se mantuvo estable durante un tiempo: mientras el seguro médico de su madre pudo cubrir tres visitas semanales al psiquiatra. Pero un cambio de trabajo, una nueva póliza que ya no cubría consultas ni medicación, supuso una nueva zancadilla a su estabilidad. Su comportamiento se volvió errático, agresivo. Debido a unos problemas con los vecinos de su madre, la familia estuvo a punto de ser desahuciada en 2006. La madre de Schuye LaRue contó que no tuvo más opción que separar su camino del de la hija. Ahí, se supone, comenzó a vivir en la calle.

En la noche del 1 de agosto, el portero del McDonalds de la New York Avenue con la calle 13 no se lo cree. «*No fucking way!*» No da crédito a que esa persona que ve de tanto en tanto, la que pasea con su chaqueta de pescador sea enero o sea julio, es la misma de la que hablan las viejas crónicas de los periódicos. Por no saber, ni sabía que era una mujer.

Callejeamos en la madrugada. Realidad dual en las aceras. Ronquidos, adictos, pipas de crac en portales oscuros. Camisas blancas e impolutas caminando de bar en bar, del mejor restaurante de sushi al cóctel de moda. Fiestas al otro lado de cristaleras.

Llegamos al distrito de Chinatown. El portero de un garito en la calle 7 dice que vio a Schuye hace unas semanas, durante una ola de calor, con ese mismo sempiterno chaquetón. Que le llamó la atención que alguien podía llevar algo así a treinta grados. No sabía su historia, solo la reconoce por su altura. Y no, esta noche no la ha visto.

Reiniciamos la búsqueda el 2 de agosto. Primeros pasos en Kalorama, barrio pijo de Washington, donde, no esperábamos otra cosa, no encontramos a Schuye. Mansiones y edificios de lujo, parques donde el mayor drama será alguna que otra rodilla pelada. Mira, justo ahí, otra de las casas de los Obama. Y aquella es la del señor ese con ínfulas espaciales, el calvito, bajito, sí, el que parece el malo de Austin Powers, cómo se llama… eso: Jeff Bezos. La de más allá es la de Ivanka Trump. Y, uf, qué sed, vamos a comprar una botella de agua en esta tienda donde, ay, nos quitan un riñón por ella.

De vuelta en el centro damos con un conocido de Schuye: el operario de la estación de metro de Chinatown. Hace unos días que la vio, dos semanas a lo sumo. Explica que le había dado algo de la barbacoa que preparó el domingo con su familia. Que alguien puede saber de su paradero si preguntamos fuera.

A unos metros de la entrada una persona nos envía unas calles al oeste, al portal donde una mujer suele pasar el colocón junto a su novio. Esta sugiere a cambio de unos dólares que probemos en el albergue para mujeres de aquí mismo, de Chinatown. Dice que allí compartió habitación con Schuye hace unas noches. Pero la entrada está prohibida. Ni siquiera las trabajadoras nos pueden decir si está o no.

Es media tarde. Las calles del distrito chino están llenas de turistas. Grupos descansando a las sombras de su paseo por la cercana zona monumental, espectáculos de breakdance. Artistas solitarios con guitarra y micrófono, locales de noche que inician la jornada de viernes. Entre el tumulto, unas veinte mujeres hacen cola en la calle para hacerse con un sitio en el albergue. Ninguna ha visto a Schuye estos días. Solo una señora en silla de ruedas comenta que la vio hace tres días, en otro albergue de las afueras. O eso cree. Pero allí dicen que tampoco la han visto y, como mucho, afirman, estará en otro de las afueras. Donde tampoco hay suerte. Donde dos hombres se insultan en la puerta. Se pelean.

En un intento a la desesperada, *hail mary* en toda regla, hacemos una ruta por los barrios metropolitanos del DC, ya pertenecientes al estado de Maryland. Sin monumentos, sin trabajadores de organizaciones nacionales o supranacionales, estos son los arrabales donde se han criado los grandes del básquet del DC. Landover, tierra del malogrado Len Bias[84]. Seat Pleasant, barrio natal de Kevin Durant, a donde regresó para desfilar su título de 2017. Barry Farms, sede de la Goodman League, la liga de verano más reputada del país junto con la Drew League de Los Ángeles[85]. Y, última bala, la Oxon Hill de Rebekkah Brunson.

Pero no hay rastro de LaRue.

En Flint, en Coney Island, en cualquier barrio pobre de los Estados Unidos, se repiten las historias de jugadores que han salido del gueto hasta convertirse en estre-

84. Estrella de la Universidad de Maryland, Len Bias estaba llamado a competir con Michael Jordan por el trono de referente de la NBA a finales de los años ochenta y comienzos de los noventa. Nunca llegó a debutar. Un día después de ser seleccionado en el número 2 del draft de 1986 por los Boston Celtics, Bias murió de una sobredosis de cocaína mientras lo celebraba con sus amigos.

85. En Nueva York hablamos de aquel verano de 2011 de Kevin Durant, el del *lockout* en la NBA, en el que metió sesenta y seis puntos en un partido en Rucker para, unos días después, anotar cuarenta y uno en Dyckman. Pues bien, las exhibiciones continuaron por el resto del país. El 20 de agosto, los dirigentes de la Goodman League del DC y la Drew League de Los Ángeles organizaron un partido para dirimir cuál de las dos era la mejor liga de verano. Un *East vs. West*, con jugadores de la casa. Por los capitalinos acudieron el propio Durant, Tyreke Evans, DeMarcus Cousins o John Wall. Por los californianos, James Harden, DeMar DeRozan, Nick Young o Brandon Jennings. Ganó la Goodman League. Kevin Durant acabó con cuarenta y cuatro puntos.

llas. Excepciones. Crónicas que no se deben romantizar o idealizar. El salir de un lugar mísero no hace a nadie mejor jugador de baloncesto, mejor en ningún aspecto de la vida. La desigualdad mina y mata. Y, ante ese abismo, el baloncesto solo ha sido la barra que se entrega para hacer funambulismo entre dos rascacielos: uno llamado miseria, el otro bienestar; dos torres cada vez más alejadas en este país.

Se conocen los nombres de los que consiguen llegar al otro lado porque allí están puestos los focos. Stephon Marbury. Andre Rison. Larry Bird. Pero en ese trayecto entre las dos realidades de esta sociedad, cualquier ráfaga de viento, cualquier empujoncillo, cualquier despiste te aniquila. Si las cámaras enfocasen hacia abajo, al vacío, saldrían todos los que no pudieron mantener el equilibrio en el estrecho cable. 1,90, chaquetón de pescador, complexión ancha, trenzas africanas. Ahí está Schuye LaRue. Estos días debe de andar por algún otro lugar del DC, la ciudad que se creó como casa de todo estadounidense pero donde seis mil quinientas personas viven sin ella.

CHARLOTTESVILLE: DONDE CHOCAN LAS AMÉRICAS

Salimos de la capital el 7 de agosto. Un par de horas de carretera bastan para llegar a Fredericksburg, ciudad virginiana, colonial, teatro de una de las muchas batallas históricas de la Guerra Civil americana. Perfecta introducción para lo que viene, pues solo quedan cien kilómetros para nuestro destino: Charlottesville.

Aparcamos la Dodge a las afueras de Charlottesville y caminamos hasta el centro. Día de sol y calor en esta urbe de cincuenta mil habitantes, cuyo nombre tiene entrada propia en las enciclopedias. Por motivos similares a los de Fredericksburg, solo que más recientes. Porque Charlottesville es uno de los sinónimos de conflicto en este país. De enfrentamiento entre las diferentes almas que lo conforman.

Un paseo por Main Street nos muestra la idiosincrasia actual del lugar. Suelo adoquinado, calle peatonal, cosa rara por estos lares donde se santifican las cuatro ruedas. Edificios clásicos, paredes de ladrillo visto, galerías de cristal. Son cerca de las seis de la tarde y cierran las librerías, abren las salas de conciertos, los cines. El ambiente es joven, diverso, cultureta. La sede de la Universidad de Virginia donde Schuye LaRue apuntó al cielo del básquet es hoy una ciudad abierta, representante de la América más plural.

Foto por aquí, *latte* por allá, charleta con el tipo que toca algo de Jimi Hendrix sentado en medio de Main Street. *There must be some kind of way outta here / said the joker to the thief*[86].

Caminamos rumbo al norte, al pasado de la ciudad. Tras cinco minutos a pie, llegamos a Market Street Park, un pequeño parque urbano rodeado de edificios con solera. El barullo del centro se calma en esta zona monumental. Iglesias y mansiones. Pórticos y balcones blancos, de corte grecorromano. Ejemplos diversos de la arquitectura colonial de Virginia, el primer asentamiento permanente que los británicos establecieron en Norteamérica. Se percibe la herencia de la época dorada de este estado, en la que virginianos como Thomas Jefferson, Thomas Madison o James Monroe fueron presidentes de los Estados Unidos. Padres de la democracia, del supuesto *land of the free*. A la vez, notorios negreros y protagonistas del sistema social que se proponía desde el sur del país: el del racismo estructural.

He ahí las contradicciones de Charlottesville, del país. Porque es quizás ese contraste nunca resuelto entre un pasado supremacista y el presente abierto el que hace que las diferentes almas del país tengan en Charlottesville su paralelo 38, su *checkpoint Charlie*. Los Estados Unidos no son un concepto monolítico, sino una mezcla de realida-

86. «Tiene que haber algún tipo de salida / le dijo el bufón al ladrón.»

des que viven en un constante conflicto. Existe una parte multicultural, abierta, diversa, que encuentra un reflejo en el presente de Charlottesville; una que pocos estamentos han representado mejor en los últimos tiempos que la WNBA. Y esta convive con unos Estados Unidos ultraconservadores, intolerantes, eco del pasado de esta ciudad.

Ambas placas tectónicas colisionaron en esta misma plaza en el verano de 2017. Entre árboles, justo en el centro de Market Street Park, está la estatua de la discordia: la figura del general confederado Robert E. Lee[87], subido a lomos de su caballo.

El nombre de Charlottesville resonó en las noticias de todo el mundo el 11 y 12 de agosto de 2017. El ayuntamiento había decidido retirar el homenaje a Robert E. Lee como parte de su proceso de memoria histórica. El objetivo: acabar con todo símbolo racista y proesclavista. En protesta, unos cuantos miles de supremacistas blancos del más diverso pelaje —neonazis, miembros del Ku Klux Klan, nostálgicos de la Confederación— llegaron el 11 de agosto para manifestarse y proteger al símbolo de su causa perdida. La de ser superior por el color de piel. No era la primera marcha del estilo, pero sí la de más importancia.

87. Robert E. Lee fue el general de las tropas confederadas en la Guerra Civil o de Secesión (1861-1865), en la que los estados del sur lucharon por su derecho a tener esclavos. Esa América más supremacista fue derrotada y el esclavismo, abolido; pero esto no evitó que el racismo estructural siguiera campando a sus anchas durante años, y que en los estados del sur se siguieran venerando los símbolos de la Confederación como héroes de un pasado mejor. Es el caso de esta estatua de Robert E. Lee, que se levantó en Charlottesville en 1924, cincuenta y nueve años después de que los esclavistas perdieran la guerra, pero una época en la que la ciudad estaba todavía dirigida por sus élites supremacistas.

Su nombre, Unite the Right. Las protestas se tornaron violentas. El sábado 12, uno de sus participantes atentó con un atropello masivo una contramanifestación. Hirió a diecinueve personas y acabó con la vida de Heather Heyer, activista de la zona.

Las escenas llegaron a cada rincón del globo. Fue un avance de lo que estaba por llegar en los años de presidencia de Donald Trump, iniciada tras su victoria en las elecciones de noviembre de 2016. A los días, el presidente pronunciaría el famoso discurso en el que hablaba de que había «muy buena gente en ambos bandos». Épocas de equidistancia. De legitimidad para unas catacumbas reaccionarias que en enero de 2021 acabarían asaltando el Capitolio.

De esta forma, Charlottesville se convirtió en otro resorte de la memoria común estadounidense para evocar el conflicto entre sus diferentes almas. Un nuevo Stonewall, un nuevo Selma, un nuevo Watts. Una erupción del volcán que lleva siglos activo. Que casi siempre entra en erupción debido al estigma original del racismo. Y que como contrapeso a Donald Trump, a Unite the Right, a la parte más nacionalista y racista del país, ha tenido en estos años al baloncesto. Más en concreto, a las jugadoras de la liga profesional femenina: la WNBA. Ellas fueron las encargadas de transportar de nuevo el deporte profesional al lugar que había ocupado en tiempos de Muhammad Ali y del Black Power en los Juegos Olímpicos de México 1968.

Es hora de comer. A un par de manzanas de Market Street Park está el Soul Food Joint, un pequeño restaurante de comida negra sureña. Pollo frito, maíz, ensalada de patata, *deviled eggs*[88]; toda esa gastronomía a la que, en la década de los sesenta, los movimientos por la autodeterminación afroamericana comenzaron a denominar *soul food*. Una forma de poner en valor las recetas que habían viajado del sur al norte en la Gran Migración, un elemento más de identidad para las comunidades negras. Y de la misma forma que la decoración de este restaurante evoca dichos tiempos, las jugadoras de la WNBA recogieron el testigo de su contraparte deportiva. De los John Carlos y Tommy Smith[89]; de Kareem Abdul-Jabbar, Bill Russell y Oscar Robertson; de Billie Jean King.

El papel de la WNBA como referente social, su enfrentamiento a la otra América que asaltó Charlottesville en agosto de 2017, no cogió a nadie por sorpresa. La intersección de sus rasgos principales —femenina, mayoritariamente negra, sexualmente diversa y muchísimo menos acaudalada que las ligas masculinas— se coloca en el polo opuesto de lo que representa Trump y Unite the Right. Y en una época en la que el deporte parecía haberse alejado de la sociedad en la que nace, en la que seguía abrazando la infame idea de lo apolítico, en la que se les seguía pidiendo a los deportistas aquello de *shut up and dribble*[90], las jugadoras de la WNBA le dieron una sacudida al deporte con su pequeño altavoz.

88. Los *deviled eggs* son unos huevos duros rellenos, en ocasiones con algún ingrediente picante.

89. John Carlos y Tommy Smith, protagonistas del gesto del Black Power tras la final de 200 metros lisos en México 1968.

90. *Shut up and dribble* —algo así como cállate y sigue botando el balón— fue la frase que una presentadora de la cadena norteamericana Fox le dedicó a LeBron James luego de las críticas de este al presidente Trump.

El proceso comenzó a kilómetros de aquí, un año antes de los eventos de Charlottesville. El 6 de julio de 2016, la policía del condado de St. Anthony, Minnesota, dio el alto al coche donde Philando Castile, afroamericano, treinta y dos años, circulaba con su mujer e hija. Después de explicar que llevaba un arma para la que contaba con licencia, recibió siete tiros de uno de los agentes, que pensó que Castile iba a sacar el arma de la guantera pese a que este afirmase lo contrario. La víctima falleció a los veinte minutos, delante de su familia.

Las cuatro capitanas de las Minnesota Lynx —Maya Moore, Rebekkah Branson, Lindsay Whalen y Seimone Augustus— convocaron una rueda de prensa tres días después del asesinato. Portaron camisetas con el lema de #BlackLivesMatter y los nombres de Philando Castile y Alton Sterling[91]. Y una segunda frase: «Justicia y responsabilidades. El cambio empieza con nosotras».

Mucho menos publicitado que los que llegaron después, el pequeño evento marcó el inicio de una era en el deporte estadounidense marcada por su compromiso social. De especial manera ante el racismo estructural. Ese que hace que la tasa de negros y latinos en las cárceles sea muy superior a la de blancos. Que hace que sean más pobres, más desempleados, más marginados. Que encuentren más trabas para ejercer su voto. Que sea más probable que mueran a manos de la policía.

Regresaremos a Market Street Park en unas horas, pero antes cubrimos andando la ruta que conecta el centro de

91. Alton Sterling, afroamericano de treinta y siete años, fue asesinado por la policía de Baton Rouge el 5 de julio de 2016, un día antes que Philando Castile.

la ciudad con una de sus visitas obligadas: Monticello, la vieja mansión de Thomas Jefferson. El hijo pródigo de Charlottesville y, quizás, uno de los personajes que mejor explica el racismo estructural. Porque él, santificado como una de los rostros de Mount Rushmore, tercer presidente, padre de la independencia y de la democracia estadounidense, conocido por su defensa del abolicionismo, fue a la vez un prominente esclavista. Nunca liberó a ninguno de sus seiscientos cautivos. Y, otra vez, esa incoherencia entre dichos y hechos, entre la figura del liberador y la del esclavista, trasluce la naturaleza estadounidense. Que el mito del país de la libertad se haya construido sobre cimientos en los que esta nunca existió.

El Saunders-Monticello Trail discurre entre bosques, puentes de piedra, vistas a las montañas de los Apalaches hasta que llega a la vieja mansión de Thomas Jefferson. Levantada en lo alto de una colina, con vistas privilegiadas a una finca que se extendía veinte kilómetros cuadrados, la villa encaja con el paisaje. Paredes de ladrillo visto, columnas y cúpula blanca del estilo neoclásico del que Jefferson se había empapado en sus estancias como embajador en Europa. Transmite una sensación de bucólica armonía. Salvo por el hecho de que a unos cien metros de la vivienda principal se encuentra Mulberry Row, el camino donde se levantaban los barracones para algunos de los cuatrocientos esclavos que trabajaban en Monticello.

En lucha con la herencia de todos los Mulberry Row de los Estados Unidos y pocos meses después del acto de Minnesota, en 2016 Colin Kaepernick tomó el testigo de las capitanas de las Lynx. Durante la reproducción del himno estadounidense en los instantes previos a un partido de la NFL, Kaepernick se arrodilló junto a Eric Reid, compañero suyo en los San Francisco 49ers. El himno es un homenaje habitual en los eventos deportivos a los soldados estadounidenses caídos en combate, pero el quarterback de los 49ers afirmó que no iba a «mostrar orgullo por la bandera de un país que oprime a la gente negra y de color». Su postura, por la que pagaría con su carrera deportiva, quedó inmortalizada como el estandarte de la unión entre el deporte y la lucha del movimiento #BlackLivesMatter. Ese que se había iniciado con Maya Moore y compañía poco tiempo antes.

A los días, en otro encuentro de la WNBA entre las New York Liberty y Phoenix Mercury, las jugadoras de ambos equipos emularon a Kaepernick. Ante el himno, rodilla al suelo. La parte más reaccionaria del país, el propio Trump, señalaron el gesto como una falta de respeto a los veteranos de guerra, a los muertos en conflictos por medio mundo. Para Kaepernick o Eric Reid, para las jugadoras de Phoenix y Nueva York, fue una forma de duelo ante la violencia policial, ante una desigualdad racial lacerante.

Esta movilización social tomó el deporte estadounidense como una bola de nieve y se hizo más grande con el paso del tiempo, siempre con el básquet femenino como principal catalizador. Para el año 2020 se convirtió en una avalancha incontrolable. En las burbujas por la Covid-19, la WNBA y la NBA alzaron todavía más el grito de #BlackLivesMatter. Dedicaron sus temporadas a algunos de los afroamericanos asesinados por la policía en esos meses. George Floyd. Breonna Taylor. Eric Garner. Se llamó a la movilización del voto negro para las elecciones de 2020. Fue una evolución natural del movimiento que había comenzado cuatro años antes, de forma tímida, en el vestuario de las Minnesota Lynx.

El cénit quedó para el 5 de enero de 2021. Ese día, el demócrata Raphael Warnock se convirtió en el primer senador negro de la historia del estado sureño de Georgia. A Warnock, las jugadoras de las Atlanta Fever y muchas otras compañeras de la WNBA lo llevaban apoyando desde agosto de 2020. Durante meses, en sus camisetas de calentamiento, portaron el lema «VOTE WARNOCK».

No les importó que la rival de Warnock, la candidata republicana Kelly Loeffler, fuera la propietaria de las Atlanta Fever. Dicho de otro modo, no tuvieron reparos en llamar al voto en contra de su jefa. Como Kaepernick, pusieron en riesgo una carrera profesional, un salario que en su caso no era tan copioso[92], para aportar su grano de arena en la lucha por la justicia social. Fue la muestra definitiva de que ninguna otra organización estaba jugando un papel más vocal, protagonista, comprometido y temprano que la WNBA y sus jugadoras. Ellas fueron la cabeza visible en la protesta ante la violencia policial con los afroamericanos, ante el rebrote reaccionario que ha tomado Estados Unidos, en la representación de los derechos LGTBI+ en el deporte. En el comienzo de una forma diferente de entender el papel de los deportistas que, con los años, acabaría extendiéndose a todo el mundo. Fútbol incluido.

92. Hasta 2019, año en el que el sindicato de jugadoras de la WNBA firmó un acuerdo colectivo que dobló esa cantidad, el salario máximo por temporada de una jugadora de la liga era de 117.500 dólares. Mientras, en su contraparte masculina, el salario mínimo es de casi un millón de dólares por temporada.

En Charlottesville, la estatua de Robert E. Lee que simbolizó el comienzo de una época sigue en pie en Market Street Park[93], a donde acabamos de regresar tras el paseo hasta Monticello. Será una forma de decir que la batalla entre las almas de América sigue vigente.

Atardece en la ciudad. El sol se pone tras el general, su figura en claroscuro. En contraste con su presencia, con los fantasmas del pasado, el ambiente de Charlottesville en esta noche de calor se alinea con su espíritu actual. A unos metros y desde un pequeño garaje a pie de calle, Sarah Dupee toca frente a un público sentado en el césped del parque un poco de folk, un poco de americana, con raíces en los Apalaches.

Hora y algo de actuación. Comprad mi disco. Suena bien, lo hacemos. Nos acompañará en los muchos kilómetros que quedan hasta el Pacífico. Sarah Dupee se despide. Ya en la noche, mientras se escuchan otros conciertos de fondo por las calles del centro, bajamos hacia un punto clave en esta historia. Al cruce de Water Street con la calle 4, a unos cinco minutos a pie del parque. Ahí está el memorial que recuerda a Heather Heyer, la activista asesinada en el atropello de aquel 12 de agosto de 2017. Tenía treinta y dos años. En las paredes, entre velas encendidas y a cinco días de que se cumpla el segundo aniversario de su muerte, palabras escritas en tiza: PAZ, AMOR, RESISTENCIA, JUSTICIA.

Donald J. Trump, que tan bien simbolizó la antítesis a tales conceptos, acabaría por sufrir una derrota en las elecciones de noviembre de 2020. Entre los principales fac-

93. La estatua acabó por ser retirada el 10 de julio de 2021.

Raymond Dalmau jugando en la BSN para los Piratas de Quebradillas, equipo en el que militó desde 1966 hasta 1985. (GFR Media)

Luis Felipe López o The Dominican Jordan. (Mitchell Layton / Getty Images Sport)

Schuye LaRue en las calles de Washington DC en noviembre de 2015.

(Bonnie Jo Mount/ *The Washington Post* vía Getty Images)

Otis Redding en 1966, un año antes del accidente aéreo que acabó con su vida.
(Cyrus Andrews/Michael Ochs Archives/Getty Images)

El político republicano "Gator" Rivers.

Tony Allen, Marc Gasol, Mike Conley y Zach Randolph formaban el núcleo duro de los Memphis Grizzlies del *grit and grind.* (Joe Murphy/NBAE vía Getty Images)

Lusia Harris fue una estrella del baloncesto femenino universitario. Aquí la vemos defendiendo los colores de Delta State ante Louisiana State en la final de la AIAW, precursora de la NCAA femenina, en 1977. Delta ganó el campeonato y Harris fue elegida MVP. (John G. Zimmerman /Sports Illustrated vía Getty Images)

Pete Maravich, número 44 de los New Orleans Jazz, haciendo de las suyas en el legendario MECCA Arena de Milwaukee en un partido contra los Bucks en 1974. (Vernon Biever/NBAE vía Getty Images)

Jorge Gutiérrez durante un partido entre los Brooklyn Nets y los Atlanta Hawks en el Barclays Center en diciembre de 2014. (Alex Goodlett/Getty Images)

tores que la explicaron estuvo el poco tirón de su mensaje entre las poblaciones urbanas, en la comunidad afroamericana, entre las mujeres. Una coalición diversa que desde la protesta iniciada el 9 de julio de 2016 por las capitanas de las Minnesota Lynx —Maya Moore[94], Rebekkah Branson, Lindsay Whalen y Seimone Augustus— nadie ha representado como la WNBA.

94. Maya Moore —cuatro veces campeona de la WNBA con las Lynx, MVP de las finales en 2013 y de la liga regular en 2014—, dejó el baloncesto en 2019 para centrarse en el trabajo comunitario y espiritual. Hasta ahora, su mayor logro ha sido conseguir en 2020 la excarcelación de Jonathan Irons, un preso que llevaba veintitrés años en la cárcel acusado de asesinato en un juicio a todas luces irregular en el que no existieron pruebas concluyentes. Moore y Irons se casaron en 2020.

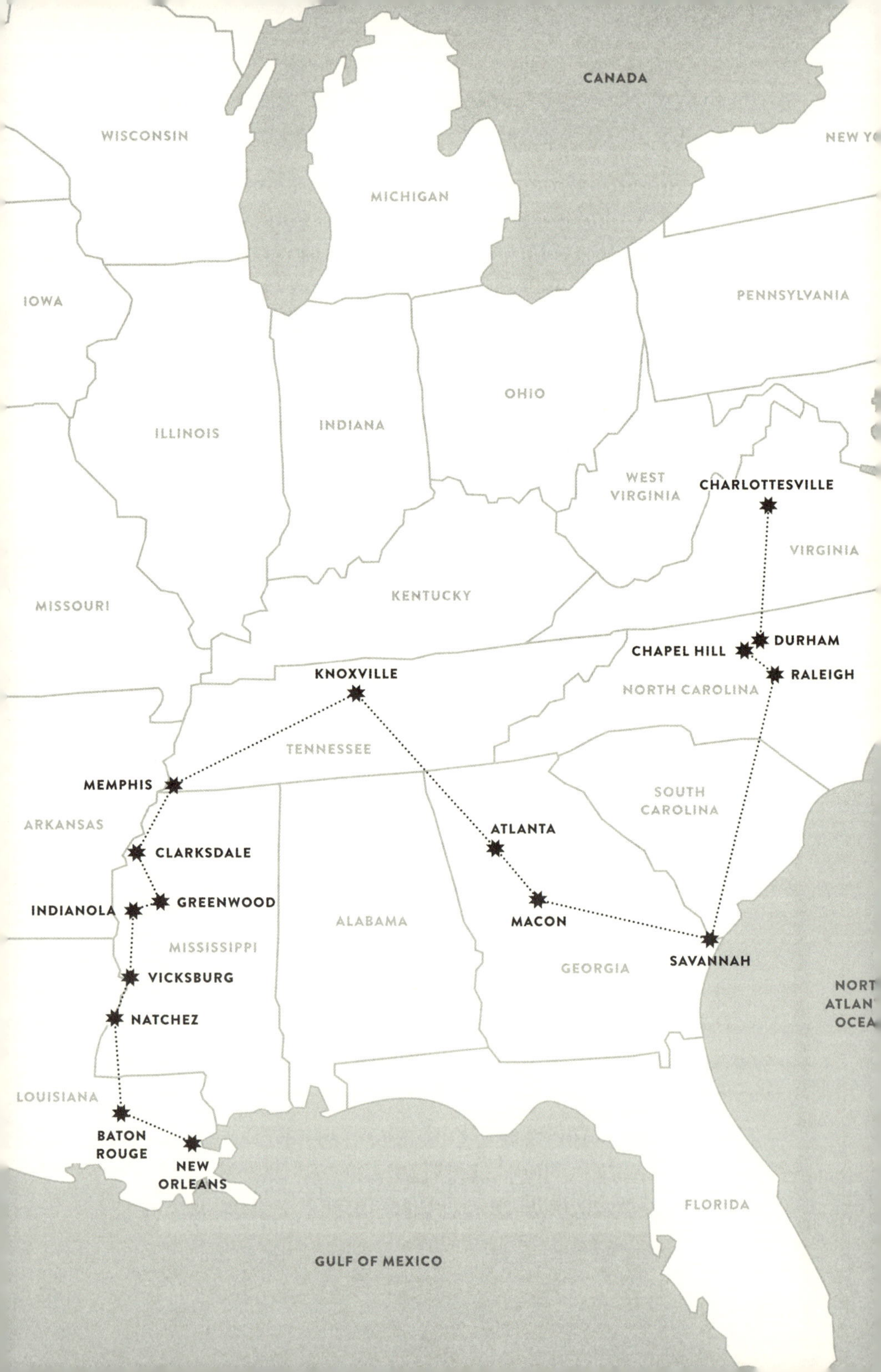
CANADA
WISCONSIN
MICHIGAN
NEW Y
IOWA
PENNSYLVANIA
OHIO
ILLINOIS
INDIANA
WEST
VIRGINIA
CHARLOTTESVILLE
VIRGINIA
MISSOURI
KENTUCKY
DURHAM
CHAPEL HILL
KNOXVILLE
RALEIGH
NORTH CAROLINA
TENNESSEE
MEMPHIS
SOUTH
CAROLINA
ARKANSAS
ATLANTA
CLARKSDALE
GREENWOOD
INDIANOLA
ALABAMA
MACON
MISSISSIPPI
SAVANNAH
VICKSBURG
GEORGIA
NATCHEZ
LOUISIANA
BATON
ROUGE
NEW
ORLEANS
FLORIDA
GULF OF MEXICO

IV. EL SUR PROFUNDO

«—HOW IT'S LIKE
TO BEING BACK HOME?
—WHAT DOESN'T KILL YOU,
MAKES YOU STRONGER
—UNLESS IT KILLS YOU.»

Sharp Objects, HBO

UN GLOBETROTTER EN SAVANNAH

Sur, sinónimo de opresión. Por el agobio constante, la humedad, el sudor. Por el sonido de miles de bichos escondidos en pantanos, bosques y *bayous*[95]. *Cricricricri*. Por el legado de unos sistemas racistas que coparon todo el país, pero que alcanzaron su mayor brutalismo y longevidad aquí, al sur del sur. Tumor nunca extirpado que marcó, marca y marcará este país.

Lo explica un sheriff sureño y revenido en la serie *Heridas abiertas*: «Lo que no te mata te hace más fuerte… hasta que te mata».

Tras la salida de Charlottesville y antes de adentrarnos en el Deep South[96], volvemos a las montañas. Setecientos cincuenta y cinco kilómetros de asfalto por la Blue Ridge

95. Brazo de agua estancado, empantanado, o que se mueve muy lentamente, típico de las zonas del sur de los Estados Unidos; sobre todo en torno al Delta del Misisipi. La fauna habitual de los *bayous* está formada por caimanes, cocodrilos, langostas, garzas y muchísimos, pero muchísimos mosquitos.

96. Se suele entender el Deep South como la región formada por los estados de Carolina del Sur, Misisipi, Alabama, Georgia y Luisiana.

Parkway, carretera que recorre lo alto de esta cordillera de los Apalaches, con un mirador diferente al final de cada jornada. Acampadas, ocasos, avisos sobre la presencia de osos negros. Cafés que humean con vistas a Mt. Mitchell, pico más alto al este de las Rocosas.

Las cifras del termómetro escalan hacia los 30° al bajar de las sierras, ya en Carolina del Norte, estado referencia para el baloncesto universitario. Aquí, en solo ciento noventa kilómetros, la Tobacco Road conecta cuatro de las universidades más reconocidas en el mundo del baloncesto masculino, cada una con su particular mitología.

Arrancamos por la más humilde deportivamente: Wake Forest. En su inmaculado campus, Tim Duncan sorprendió a todos en los noventa no por su juego, que también, sino por ser un chico igual de inmaculado. «No podría diferenciarlo de cualquier otro estudiante», clamó uno de sus profesores en el grado de psicología.

Mantenemos dirección este. A las dos horas, Duke University, en Durham, desde donde Mike Kryzewski ha ganado cinco títulos de la NCAA en los últimos treinta años. La efervescencia habitual durante el curso está ausente. Edificios, parques, avenidas; todo se ve vacío. También la capilla de la universidad, que más bien parece una catedral. Solo pasea alguna que otra familia primeriza, despreocupada, gafas de sol y polos de marca. Los hijos con los dientes largos, visualizando cómo se lo van a pasar en su primer año de libertad, cuando esto recobre su vida. Los padres, pensando en cuán solucionada va a estar la vida de sus pequeños después de cuatro años aquí, en uno de los centros más exclusivos del país.

Seguimos.

El enemigo acérrimo de Duke vive a tan solo quince minutos de variante. Aparcamos la Dodge junto al Dean Smith Center de Chapel Hill, en el campus de la Universidad de Carolina del Norte. Pabellón cuya historia discurre entre los capítulos de Bob McAdoo, James Worthy, Vince Carter. Y, claro, Michael Jordan. Las estampas no cambian. Calles arboladas y poco transitadas, familias de visita, pulcritud al detalle en edificios, plazas, parques. Preparamos algo de comer a la sombra de un chopo. Pasta, tomate, atún. A los minutos, Mackenzie y Hunter, exestudiantes de visita, se sientan al lado, en el césped, con un poco de sushi en cajitas individuales. Tablas de surf, sacos de dormir, equipos de North Face en la parte trasera de su camioneta pick-up, aparcada al lado de la Dodge. Son rubios, altos, delgados, guapos. Son agradables, sonrientes, probablemente ricos. Son *fortunate sons and daughters*.

Una hora más de viaje no evita que el prototipo se vuelva a repetir en la Universidad de North Carolina State en Raleigh, extremo este de la Tobacco Road. El binomio es el mismo: familias blancas ricas, historias deportivas negras. Porque los Wolfpack han sido protagonistas de dos sorpresas históricas. La del equipo dirigido por Jim Valvano, que ganó la NCAA en 1983 con un mate de Lorenzo Charles ante los ojos de Hakeem Olajuwon. Y la del campeonato de 1974, protagonizado por un David Thompson que se retiraría diez años después por exceso de funk[97].

97. Ídolo juvenil de Michael Jordan, estrella rutilante y espectacular del básquet setentero, la historia de David «Skywalker» Thompson es una montaña rusa. En 1974 lideró a North Carolina State en su victoria ante la todopoderosa

Las camisetas de uno y otro, sus títulos, cuelgan del PNC Arena, un pabellón colosal, uno de los más grandes del baloncesto universitario.

Toda esa tradición universitaria se evapora al cruzar la frontera de Carolina del Sur el 13 de agosto. El calor aumenta gradito a gradito a través del territorio de la Carolina pobre en términos de básquet[98]. En las ventanillas, postales propias ya del sur profundo. Pinos, carreteras estrechas, campos de cultivo en barbecho. Más pinos. Aquí una mansión. Allá un pueblo de chabolas. Más allá otra mansión. Fincas que se extienden a través de colinas y colinas y colinas hasta el horizonte. Algún día pobladas por el tabaco, el algodón, los esclavos. Hasta que estos dejaron de serlo y se acabó su macabra rentabilidad.

El 15 de agosto, casi una semana después de haber salido de Charlottesville, llegamos a Savannah, Georgia. Idónea representante de lo que significó el Deep South.

UCLA —que venía de encadenar siete campeonatos universitarios consecutivos— y a alzarse con el título de la NCAA. Fue número uno del draft de 1975, tanto de la ABA como de la NBA. Anotó setenta y tres puntos en un partido en 1978. Fue MVP del All-Star en 1979. Pero tras una lesión en el pie en 1980, sus adicciones —a la cocaína, al alcohol, a la fiesta— lo lastraron. En 1984, con solo treinta años y tras una pelea en el Studio 54 de Nueva York, el templo de la música disco, se partió la rodilla para nunca volver a jugar. Se rehabilitó con los años, recondujo su vida y recibió el honor de que Michael Jordan, el niño que lo idolatraba, lo escogiese en 2009 como su presentador en el Hall of Fame.

98. No fue hasta 2017, de la mano de la imperial A'Ja Wilson, que la Universidad de Carolina del Sur ganó el primer título de baloncesto universitario para el estado. Wilson dio luego el salto a la WNBA como número 1 del draft de 2018 y fue escogida MVP de la liga regular en 2020. El día que inauguraron una estatua suya fuera del pabellón de su alma máter, A'Ja, afroamericana, afirmó: «Mi abuela ni siquiera podía atravesar este campus, tenía que dar un rodeo [...] si estuviera aquí hoy para ver que su nieta tiene una estatua donde una vez ella no pudo entrar... de eso se trata, de plantar semillas».

La ciudad es un claro ejemplo de elegancia sureña. Calzadas de pavé y bosques de sauces. Cementerios románticos, edificios coloniales. Parques como Chippewa Square, el del banco de *Forrest Gump*, con el típico musgo español cayendo entre las ramas de los árboles. Un puerto estancado en el tiempo. Barcos a vapor de imitación, atardeceres cálidos.

Savannah es tan bucólica como oscura es la historia de supremacismo blanco que esconde. Porque junto con la cercana Charleston fue uno de los principales puertos negreros del país. Porque ambas son el producto de las viejas sociedades esclavistas sureñas, que se veían a sí mismas como una Antigua Grecia rediviva. Un mundo aristocrático dado a la vida campestre, al hedonismo, a fiestas como las de *Medianoche en el jardín del bien y del mal*. Porque Savannah, como todo el sur profundo, es la herencia de una cronología del barbarismo: esclavismo, segregación, desigualdad.

Esos cuatro siglos se pueden resumir en una casa del barrio de Benjamin Van Clark Park. Reside en ella un personaje clave en la historia del deporte de esta urbe. Se llama Larry Rivers. Aunque aquí todo el mundo lo conoce como «Gator».

Conseguimos su dirección a base de repetir el apodo por las calles. El calor aprieta a primera hora de la tarde del 16 de agosto. La gente se refugia en sus casas, en parques. Conducimos desde el centro hasta el barrio de Benjamin Van Clark Park. La Dodge con las ventanillas abiertas, en un vano intento de que corra el aire. Aparcamos bajo una arboleda frente a la vivienda de Larry Rivers. Casa victoriana de madera, colores pastel. Timbramos un par de veces. Sin respuesta. Solo al tercer intento un niño abre la puerta. No pregunta nada, como acostumbrado al proceso. Se gira hacia un galpón en la parte trasera de la vivienda y grita: «¡Abuelo!».

Asoma por la entrada del galpón Gator Rivers, físico escultural para sus setenta años. Alto, musculado, piel negra, pelo y barba blancas, frondosas. Porte de protagonista de una película de Spike Lee. Pero qué quieres niño, no ves que estoy trabajando. Ah, pues que pase, que pase. Y apurado, dejando la puerta entreabierta, corre a aislarse del calor para regresar al abrigo de sus ventiladores.

Los Rivers son una línea temporal constante en el sur profundo, los Buendía del relato afro. Sus ancestros eran miembros de los *gullah geeche*[99]. Y estos, como casi todos los negros que llegaron desde 1619[100] para ser esclavos en Norteamérica, no vivieron su liberación real en 1865, año en que el norte presidido por Abraham Lincoln derrotó en la Guerra Civil al sur confederado y abolió el esclavismo. Tan enraizado estaba el supremacismo blanco en todo el país, especialmente entre las élites sureñas, que aquel sistema esclavista mutó en formatos diferentes, más

99. La *gullah geechee* es una cultura de ascendencia africana que se generó desde el siglo XVIII en el tramo de costa atlántica que va de Savannah a Charleston. Aislada del contacto con la sociedad blanca en sus arrozales costeros, los *gullah geechee* mantuvieron más que ninguna otra sociedad esclava afroamericana la cultura de su continente original.

100. 1619 es el año en el que la colonia inglesa de Virginia compró los primeros veinte esclavos africanos de la historia de Norteamérica. Quinientos años después, un proyecto de *The New York Times* llamado «The 1619 Project» se enfrentó al reto de contar la historia de los Estados Unidos a través de los ojos de los esclavos negros y sus descendientes, no desde el punto de vista blanco y europeo.

sutiles. Larry Rivers los sufrió a su muy particular estilo. Una forma de ver, vivir y contar la vida que llega hasta su apodo: *Gator*.

«En principio», comienza a explicar con pausa, gustándose, espatarrado en el sofá del galpón que le sirve de oficina y lugar de asueto, «me pusieron ese nombre porque cuando era niño jugábamos al pillapilla en el río y, como yo no sabía nadar, mis amigos me llamaban Gator —caimán, en español—. Ya luego me lo empezaron a llamar por todo: cuando jugaba descalzo porque no tenía dinero para zapatillas, me decían que tenía los pies como un caimán; cuando veían que era el mejor botando el balón de baloncesto decían que por eso era un caimán, por las garras con las que pinchaba la bola... al final, con cualquier cosa que hiciese había una justificación para llamarme Gator».

A su alrededor, trofeos. Una televisión que alumbra un espacio por lo demás en penumbra. Las aspas de los ventiladores emiten un *funfunfun*. Con voz grave y cadencia y tono de predicador afroamericano, Gator se ríe mientras cuenta la historia de su apodo, como si fuese parte de un show del que es único intérprete.

Cómodo desde el minuto uno en este papel de protagonista con el que se ha encontrado este 16 de agosto, Larry Rivers pasa a relatar primero sus recuerdos de las épocas de la segregación: a continuación sus éxitos deportivos, y finalmente el mayor logro de su carrera: haber sido miembro de los Harlem Globetrotters durante más de una década. Mientras, irá explicando cómo vivió la comunidad afroamericana cada una de esas épocas, cómo él luchó por ella a través del baloncesto. O eso dice. Porque no va a ser fácil discernir a qué le otorga él más peso: si a su relato individual o al de toda esa gente por la que dice haber trabajado.

La historia particular de Gator comienza en 1949. El esclavismo ya no existía, pero hacía años que el racismo y la segregación se habían convertido en materia legal de muchos estados bajo las leyes Jim Crow[101]. Las relaciones con blancos, el sentarse en un bar que fuese solo para clientela de esa raza, podía ser delito para un negro; y viceversa. La frase que intentaba justificar el sistema era la de *separated but equal*, pero la realidad era mucho más canalla. Linchamientos y asesinatos de afroamericanos que salían impunes, negación del voto, salarios de miseria, unas condiciones de vida infinitamente peores para el que tuviese la piel oscura. *Separated and unequal*, más bien.

«Teníamos baños, fuentes, y colegios para los negros y otros para los blancos; incluso ligas de baloncesto para los negros, en las que no podíamos jugar contra los blancos... ¡ni siquiera podíamos ir a los restaurantes a comprar comida! Entrábamos por la puerta de atrás, y eso cuando teníamos dinero.»

La familia Rivers era una más en la espiral de pobreza de su barrio. Asentados en el centro de Savannah, su madre lo tuvo con solo doce años, mientras que su padre era

101. Tras los avances en materia de igualdad cosechados después de la Guerra Civil, las leyes Jim Crow fueron una forma de regresión al pasado. Con ellas, una vez retomado el control de sus ayuntamientos y gobiernos estatales, las élites sureñas implantaron de nuevo la segregación racial, eliminaron el derecho a voto de las comunidades negras, cualquier atisbo de redistribución económica y las enviaron de nuevo al margen del margen.

un marinero mercante al que casi ni conoció[102]. El Gator adolescente se vio obligado a escoger entre dos caminos: jugar al baloncesto o hacerse el más listo de la calle. Para ayudarle a tomar la mejor decisión apareció su particular ángel de la guarda.

«Yo tenía catorce años y llevaba semanas sin ir a clase; conducía un coche, gestionaba una tienda de bebidas ilegales, organizaba partidas de billar clandestinas... mi madre era muy joven y no me podía controlar, y yo tenía que sacar dinero de donde fuera, ¡me convertí en un mafiosillo!» Ahí fue cuando intervino Russell Ellington, entrenador de baloncesto en su instituto, el Beach High School de Savannah. «Russell se enteró de lo que andaba haciendo y fue a mi casa para decirle a mi madre que llevaba casi un mes sin ir a clase; primero, ella me pegó una paliza; luego, me mandó a vivir con Russell, para que intentase enderezarme.»

El calor se ha paliado en el exterior tras un par de horas refugiados entre historias y ventiladores. Salimos del galpón para dar un paseo por la juventud de Gator. La Dodge retorna al centro, rumbo a Greene Square y la histórica Second African Baptist Church. Aquí, en lo que hoy es una plaza con robles de más de diez metros, frente a una de las iglesias más importantes de la comunidad afroamericana sureña, el pequeño Larry empezó a jugar. Mecanizó todos sus trucos, los que un tal Marcus Haynes ponía en práctica

102. El único encuentro con su padre que recuerda Gator tiene poco de romántico: «Un día iba con mi madre y vimos a un tipo bebiendo una cerveza en Greene Square. Ella me dijo que era mi padre. Fui a saludarlo porque nunca lo había conocido. Me dio un dólar. Y se piró».

en la película *The Harlem Globetrotters*. Crossovers, pases por detrás de la nuca, girar el balón en los dedos índices durante minutos, pases sin mirar.

«Siempre decía que quería ser como él, como Marcus Haynes.»[103]

Entre billares, canastas, iglesias y *shotgun houses*[104], la vida le comenzó a sonreír. Bajo el mando de Ellington, el juego callejero y espectacular que patentó en Greene Square convirtió al equipo de Beach High School en uno de los mejores institutos de toda Georgia. Lo hizo, además, en el mejor momento posible.

La explosión de Gator coincidió con la del Movimiento por los Derechos Civiles y otras corrientes antirracistas en las décadas de 1950 y 1960. Rosa Parks, Martin Luther King, Malcolm X, el Black Power. Presionado por estas reivindicaciones de la sociedad civil, el presidente Lyndon B. Johnson prohibió cualquier tipo de segregación. La sociedad blanca se vio obligada a compartir clases, baños, bares, buses, tiendas. También las canchas de baloncesto.

El instituto negro de Beach High School ganó en 1967 el primer campeonato integrado en la historia del estado de Georgia. Gator era el base y líder del equipo. Con un

103. Base de los Harlem Globetrotters durante años y uno de los malabaristas primigenios del baloncesto, la mejor forma de explicar a Marcus Haynes es a través de los que lo idolatraron. Fue el espejo en el que se miraron *jugones* como Magic Johnson, Pete Maravich o Bob Cousy. Y hasta Wilt Chamberlain, en su habitual humildad, afirmó: «Lo que él hacía es algo que yo nunca podría hacer, y eso que yo podía hacer casi de todo en una cancha».

104. Las *shotgun houses* son las viviendas unifamiliares de una sola planta, estrechas, alargadas y rectangulares, en la que las habitaciones se suceden una tras otra. Suelen estar asociadas con las comunidades afroamericanas del sur y se cree que entraron en el continente desde Haití, vía Nueva Orleans.

juego espectacular, moldeado a imagen de sus ídolos de los Globetrotters, Beach ganó la final por treinta y nueve puntos. Por el camino, un reguero de equipos blancos doblegados ante un juego afroamericano que ya se mostraba muy superior.

Tras la visita a Greene Square hemos conducido hasta la puerta del Beach High School. Un edificio escolar como cualquier otro. Con sus dos plantas, su ladrillo visto, su bandera estadounidense. Pero sumido en recuerdos, Larry sonríe. Y suspira: «Qué bien supo ganarles a los blancos…».

Estaba en el lugar y el momento adecuados. El fin de la segregación le abrió nuevas puertas a la comunidad afroamericana y, como tantos, él lo aprovecharía. Aunque de nuevo, al contarlo, Gator vuelve a dejar una impresión confusa. Como si le otorgase más relevancia a su propio mérito que a los cambios que tenían lugar a su alrededor.

«Cuando ganamos aquel campeonato, las universidades de todo el país nos empezaron a llamar. En el momento recordé que cuando tenía doce años o así, en los billares que gestionaba, me habían explicado que a algunos tipos les daban una beca de estudios por jugar al baloncesto. Y yo dije… ¿qué? ¿Que te pagan por jugar al baloncesto? Y mira, jugué tan bien en el instituto que me llegó la oportunidad.»

La Universidad de Missouri Western fue la que llamó con más ímpetu en la puerta. Lo habían visto jugar, lo querían. Él tenía ese básquet callejero, afro. Ellos, la oportunidad para que estudiase una carrera. Estaban hechos para entenderse, salvo por ciertos flecos.

«El principal problema es que yo no sabía dónde coño

estaba Misuri ni me interesaba; y además, Missouri Western era una universidad pequeña, por lo que al principio no quería ir, no, ni de coña.»

Una tarde, mientras Rivers pasaba sus días en la casa de una novia convencido de no firmar por Missouri Western, sonó el teléfono. Ella lo descolgó y antes de pasárselo a Larry, le susurró: «Es un tal Russell Ellington». Su exentrenador, el mismo que lo había llevado por el buen camino años atrás cuando dio el chivatazo a su madre, el que le había hecho campeón de instituto en Georgia. Gator cuenta que nunca supo cómo Ellington consiguió aquel número. Lo que sí recuerda es cómo se desarrolló la conversación:

—¿Qué pasa, entrenador?

—¿Qué vas a hacer esta temporada? ¿Vas a ir a la universidad? —contestó Ellington, que no dijo ni hola.

—No sé, tío, quizás paro un poco; me tomaré este año con calma y luego ya veré.

—Mira, seis universidades me han llamado ya preguntando por ti, pero la más interesada es Missouri Western.

—Ok, pero es que Missouri Western es una mierda, no quiero ir.

—Pues te lo aviso ya: si te vuelvo a ver por Savannah y no has aceptado la beca de Missouri Western, te voy a meter un tiro en el culo.

«E iba en serio, estoy seguro», comenta Gator, con una expresión seria por primera vez en toda la tarde. «Unos años atrás, cuando vivía con él, Russell se había comprado un Cadillac y se lo dejó probar a su hermano. Le dijo que se lo dejaba diez minutos, ni más ni menos, que si se pasaba de tiempo le iba a disparar en el culo. Su hermano se retrasó cinco minutos y cuando volvió, ¡PAM! ¡Le metió un tiro en el culo, tío, delante de mí! Así que lo creí, claro que lo creí. Me fui a Missouri Western.»

Gator triunfó en Misuri. Completó su ciclo universitario e hizo las delicias del público local. Gracias a esa fama fue invitado a una prueba con los Harlem Globetrotters y en solo unos minutos asombró a jugadores y técnicos con su manejo del balón, labrado en Greene Square y las calles de Savannah desde niño. Y así, logró el que había sido su objetivo desde pequeño: convertirse en el base del equipo de exhibición más famoso del mundo.[105]

El cielo se tiñe de naranja, casi rojo, y Savannah comienza a echar el telón sobre otra jornada veraniega. Retornamos a la casa que Rivers se compró tras trece años girando con los Globetrotters. Europa, África, Asia, Australia. «Me sentía cómodo jugando delante de gente blanca, demostrándoles lo que los negros podíamos hacer. Fuimos el equipo que más hizo para traer igualdad en el deporte. Cuando nadie quería discutir siquiera la superioridad de los negros sobre los blancos, los Harlem Globetrotters lo hacían, les mostrábamos que éramos mejores al básquet, que la gente disfrutaba con nuestro estilo y no con el suyo. Me convertí en un embajador de la raza negra… ¡desde Savannah para el mundo!»

105. Los Harlem Globetrotters se fundaron en el South Side de Chicago en los años veinte, bajo el nombre de Savoy Big Five. Por el hecho de ser un equipo netamente afroamericano, y aunque sus orígenes nada tenían que ver con Nueva York, pronto adoptaron el nombre de Harlem Globetrotters, haciendo referencia a la meca de la cultura negra. Hasta que la NBA comenzó a aceptar a jugadores negros sin barreras, ya por los años sesenta, los Globetrotters fueron el máximo exponente del baloncesto afroamericano.

El paso de los años no ha sido tan benévolo con aquellos Globetrotters como Gator. En la revisión bajo nuevos prismas antirracistas de la historia de los Estados Unidos, hay quien se pregunta si lo que hicieron los Globetrotters no fue, sobre todo, mantener durante años ciertos prejuicios raciales; fomentar una especie de entretenimiento para blancos que perpetuaba la idea de que los negros solo estaban capacitados para eso. Para bailar, saltar, trabajar. Se ha puesto también bajo tela de juicio el papel del que fue dueño del equipo hasta su muerte en 1966: Abe Saperstein, emigrante de origen europeo, considerado por unos un benefactor y un pionero, por otros un racista aprovechado.

«Nosotros nos adaptábamos a que nos vieran como inferiores para sobrevivir; era nuestra forma de ganarnos la vida… y Abe Saperstein era la única vía para hacerlo. Pero sí, él jodió a los negros, los jodió bien… cuando viajaban a Europa les pagaba más a chicos blancos de la universidad que llevaba de gira que a los Globetrotters, que eran profesionales. Los blancos ya tenían dinero, claro, no iban a viajar a Europa a cambio de limosnas. Nosotros no; nosotros jugábamos por amor al juego.»

Hoy, en un claro intento de obviar las sombras para centrarse en el papel de protagonista que tuvo con ellos, Gator enarbola con orgullo su condición de globetrotter. Es parte fundamental de su persona, incluso décadas después de haberse retirado. Lo cuenta a cada rato. Lo cuenta en su LinkedIn, en sus otras redes sociales. En cualquiera de las obras benéficas, programas o trabajos en los que participa. Ser un globetrotter es parte esencial en la imagen de marca de Gator. Tanto, que subraya:

«Llevé a tres chicos de la ciudad a jugar con ellos y también a Russell Ellington, el que fue mi entrenador en el instituto, el de la pistola, que acabó siendo entrenador de los Globetrotters; a todos los ayudé a que tuviesen una vida mejor».

Es ya noche cerrada en este 16 de agosto. Dejamos a Gator por unos días y nos vamos a pasar el fin de semana a la playa. A apuntar en la libreta todas sus historias y anécdotas antes de que se pierdan en el limbo. Son veinte minutos de carretera hasta Tybee Island, donde la Dodge descansará un par de noches. Gambas rebozadas y pescado frito para cenar. A la mañana siguiente, salida en kayak hacia la isla virgen de Little Tybee para disfrutar de su fauna. Pelícanos, garzas, cormoranes, surfistas. Últimos chapuzones en el Atlántico. Y ya en la tarde del lunes, vuelta a Savannah.

Un aguacero nos coge de camino. La temperatura baja, las calles se colapsan. Pero enseguida regresa el calor extenuante y las charcas se evaporan, como si nada hubiese pasado. El trópico. Hemos quedado con Gator en la Chatham Academy, donde imparte clases de manejo de balón a niños y niñas. A su llegada, saluda a conocidos, a los que no lo son tanto. Siempre elocuente, cómodo en su papel de protagonista, dejando claro que aquí está él. Y a todo aquel con el que se cruza, la misma historia: «¡Eh! ¿Sabes que me han venido a ver desde España? ¡A Gator lo conocen incluso en España!».

Dos niños y una niña lo esperan en la pista. Los adiestra en trucos de malabarismo al más puro estilo Kyrie Irving. Pasarse el balón por la espalda, entre las piernas, luego rodarlo encima del dedo índice y pasarla con el codo. Todo eso que a él le ha valido para sobrevivir desde que era un crío. A sus setenta años, repite los ejercicios sin problema. Y comenta: «Todo esto lo hago porque el deporte podrá ayudar a la comunidad negra a avanzar».

Cosa curiosa, más de un año después del encuentro, esa motivación sería la misma que esgrimiría Gator al presentarse a las elecciones de noviembre de 2020 para el condado de Savannah. Lo hizo como candidato del Partido Republicano, el que encabezaba Donald Trump a nivel nacional. Su nombre de campaña: «Larry *Gator* Rivers, exglobetrotter».

MEMPHIS, I'VE BEEN LOVING YOU FOR TOO LONG

El deporte profesional en Estados Unidos es otra cosa, poco tiene que ver con cómo se entiende en Europa o en Latinoamérica. Hay diferencias de todo tipo —económicas, educativas, sociales, políticas—, pero una de las principales es la de la identidad. Aquí los equipos son franquicias, negocios parte de uno mayor: la NBA y la WNBA en el caso del baloncesto. Y como tales, se pueden mudar en cualquier momento de ciudad y empezar una nueva vida en otro destino. El resultado es que el arraigo y el sentimiento de pertenencia se atenúan.

O esa es la norma. Pero existen las excepciones. Casos concretos en los que una de estas franquicias establece vínculos con su sede para hacer suyo el espíritu e idiosincrasia del lugar. Ocurrió a partir del 2008 en Memphis, Tennessee. Una ciudad del Deep South en la que habita una forma de vida singular, una cultura apegada a la tradición y a la derrota que se inoculó en su franquicia de la NBA: los Memphis Grizzlies. Es esta una historia de paralelismos que fluye entre dos nombres. Marc Gasol. Otis Redding.

Tropezamos con el nombre de Otis ya en Macon, Georgia, tres horas al oeste de Savannah. Macon fue su cuna, la de Little Richard, la de los Allman Brothers. Bordeamos luego Atlanta, donde suena el autotune y la *tra-tra-tra-trap muzik in da trap house*. Nos desviamos hacia Knoxville, sede de la Universidad de Tennessee, el segundo mejor programa universitario de la historia del baloncesto femenino[106]. Y tras unas ocho horas de carretera, el destino final de nuestra etapa, también de la carrera de Otis Redding: Memphis, Tennessee.

Es primera hora de la mañana del 22 de agosto. Despertamos frente a The Pyramid, la bizarra construcción[107] en cuyo aparcamiento hemos intentado dormir tras llegar a altas horas de la noche. Abrimos la puerta de la Dodge. El cielo comienza a clarear, Memphis todavía duerme. A la derecha y por encima del aparcamiento, autopistas, circunvalaciones. A la izquierda, muros de contención, toneladas de hormigón armado. Diques que esconden al río Misisipi, objeto mítico en el imaginario norteamericano,

106. Solo UConn supera a la Universidad de Tennessee en títulos de la NCAA femenina. Las Lady Volunteers han acumulado siete títulos en las últimas tres décadas, seis de ellos gracias a las épocas de históricas como Tonya Edwards (1987 y 1989), Chamique Holdsclaw (1996, 1997 y 1998, en este último título junto a Tamika Catchings) y Candace Parker (2007 y 2008).

107. Tal y como indica su nombre, The Pyramid es un enorme edificio con forma de pirámide acristalada, de casi cien metros de alto. Tras sus épocas como pabellón de baloncesto, la construcción alberga hoy una tienda de Bass Pro-Shops, megafranquicia de material deportivo que ofrece de todo: desde balones de fútbol hasta rifles semiautomáticos. En una competición por ser el súmmum de *lo americano*, La Pirámide estaría ahí, en la pelea.

columna vertebral del país. Cauce que baja silencioso pero implacable y que seguiremos en lo que nos queda de viaje a través del sur.

No ha sido una noche agradable. Hacía tanto calor que dormir sin abrir las ventanillas de la Dodge ha sido imposible. A la vez, eran tantos los mosquitos junto al Misisipi que intentarlo sin cerrar las ventanas era un suicidio. Ya de mañana, rendidos al inexorable destino de no pegar ojo, se hace obvio que lo mejor es hacer camino. Pasear Memphis por esa vía que lleva de Marc Gasol a Otis Redding. The Pyramid es su primer paso.

Era el verano de 2001. Una franquicia de la NBA acababa de llegar a Memphis desde Vancouver, la ciudad de Canadá a la que el básquet no pudo seducir. Los Vancouver Grizzlies serían a partir de ese momento los Memphis Grizzlies[108]. Su casa se ubicó aquí, en The Pyramid, el pabellón donde la urbe de Tennessee abrazó su primera experiencia de baloncesto profesional tras décadas huérfana de ello[109]. Cosas de la globalización, en pocos lugares, ni siquiera en la propia Memphis, el debut del equipo tuvo tanta repercusión como en España. La primera estrella del equipo para esa temporada 2001-2002 era un catalán espigado de veintiún años, recién llegado a la mejor liga

108. Ese es el motivo del estrambótico nombre de Memphis Grizzlies. Porque los osos grizzlies, naturales de las zonas montañosas y frías del norte de Estados Unidos y Canadá, no durarían en Memphis ni medio telediario.

109. Antes de la llegada de los Grizzlies, la última franquicia profesional de básquet con base en Memphis habían sido los Memphis Sounds de la legendaria ABA. Cuando la ABA se fusionó en 1976 con la NBA y exportó a esta algunos de sus elementos capitales —el concurso de mates, la línea de tres puntos o estrellas como Julius Erving, Artis Gilmore y George Gervin— la franquicia de Memphis desapareció.

del mundo. Pau Gasol. Fue el comienzo del idilio de esta urbe con su apellido.

1 de febrero de 2008. El romance entre Pau y Memphis se acaba. No eres tú, soy yo. Tras siete temporadas en la ciudad y sin poder sacar a la franquicia de la clase media de la liga, Gasol es traspasado a Los Ángeles Lakers. Allí acabaría ganando dos anillos y convirtiéndose en la superestrella que siempre se intuyó que sería. A cambio, elemento sin relevancia aparente en el traspaso, llegan a la franquicia de Tennessee los derechos NBA de un tal Marc Gasol. El hermano pequeño de Pau, desconocido por aquel entonces para el gran público norteamericano. Como un advenedizo salido de la nada, contra todo pronóstico, un poco como había hecho Otis Redding cuatro décadas atrás, Marc pasó en cuestión de meses a ser la piedra fundacional de uno de los grupos más significativos en la historia de la ciudad. Los Memphis Grizzlies del *grit and grind*[110]. Un equipo contracultural en la NBA moderna, un grupo de jugadores con aromas de tradición, de antihéroes, de haber ganado poco título pero mucho reconocimiento. Perfume a derrota que los convirtió en símbolos de Memphis.

Esos Grizzlies que lideró Marc Gasol evocaron como nadie a otra de las grandes perdedoras ilustres nacidas en esta urbe: la Stax, la discográfica que de la mano de Otis Redding inundó los Estados Unidos con el soul más puro. El paralelismo nace del mismo carácter contracultural. De la sorpresa de la aparición de un tipo grandullón, Otis Redding, que como Marc tuvo una importancia desme-

110. *Grit and grind* se podría traducir por algo así como «agallas y orgullo».

dida en el devenir de la historia de Memphis. Del orgullo. De cómo se puede enamorar a través de la derrota.

Queda mucho camino por delante. Desayuno completo en el aparcamiento de The Pyramid para poder afrontarlo. El camping gas que echa humo. Café, huevos, pan malo con tomate. El sol aprieta desde primera hora de la mañana. Cientos de coches surcan ya las carreteras. Arrancamos. Diez minutos por circunvalaciones y calles de Memphis para llegar a un barrio de casas bajas al sur de la ciudad. Estacionamos frente a un cartel blanco, de esos de cine antiguo. Se anuncia en letras rojas el nombre de la mítica disquera: STAX. Al lado, el sobrenombre: *Soulsville, USA*. El edificio que albergó a la compañía musical más icónica de la ciudad sobrevive tras décadas de decadencia, reconvertida en museo de aspecto retro y escuela de música. Es un homenaje a su herencia.

Gran parte se le debe al tal Otis Redding.

La historia común de Otis y la Stax comienza el 12 de agosto de 1962. La discográfica era por aquel entonces un incipiente proyecto familiar con una manera muy particular de hacer las cosas. En una Memphis ultrarracista y segregada, los hermanos blancos Jim Stewart y Estelle Axton dirigían un negocio excéntrico, casi suicida. Su campo de trabajo era la música afroamericana.

Los años iniciales supusieron poco más que un pasatiempo para Jim y Estelle, pero cuando la compañía requirió una mayor profesionalización la trasladaron a este antiguo cine. Aquí, entre las cuatro paredes del 926 de McLemore Avenue, iniciaron una forma propia y contracultural de producir música. Blancos y negros se juntaban sin pudor en la Stax, algo ilegal por aquel entonces en Memphis[111]. Los niños del barrio afroamericano que rodeaba el edificio entraban a echar una mano, a escuchar grabaciones, a charlar con los músicos. Todo se hacía con cierto relajo, de manera artesanal, lejos de las prisas y la producción en cadena que ya se estilaba en la industria. Hasta el sonido que brotaba de las grabaciones contaba con un sello propio: la profundidad que le otorgaba la sala de cine donde se había instalado el estudio.

Fue dicho sonido el que atrajo a Otis como canto de sirena. Para 1962, la Stax había producido ya algún pequeño éxito, pero seguía siendo una discográfica de provincias. El 12 de agosto, en búsqueda de ese siguiente paso para la empresa, era el día marcado para recibir a un tal Johnny Jenkins. A Jenkins, buen guitarrista con gusto por el espectáculo, a lo Little Richard, muchos le auguraban un buen futuro.

Jenkins llegó desde Georgia para probar el sonido de los vinilos que se esculpían en este edificio. Un par de canciones de prueba. Nada. Ni al dueño Jim Stewart ni a la banda de la casa, los Booker T and the MG's, les convenció. Mucha filigrana, demasiada fastuosidad, poco de lo que ya empezaba a brotar en la compañía: el soul más sureño y espiritual, ecos de campos de trabajo, de coros de iglesia del sur negro.

111. Una anécdota del libro *Respect Yourself*, de Robert Gordon, narra a la perfección ese ambiente opresivo. Cuando la Stax llevó a una de sus primeras estrellas, Carla Thomas, negra, a reunirse con un representante de una compañía del norte, blanco, lo tuvieron que hacer a escondidas en la habitación de un hotel. Alguien los delató y se tuvieron que escapar por la ventana antes de que llegase la policía para no acabar en el calabozo. Eran los años sesenta, siglo XX.

Johnny Jenkins quedó el 12 de agosto de 1962 como la anécdota. Su chófer y *pipa*, el que había conducido el coche desde Georgia, el que había cargado las guitarras hasta el estudio, fue el que aprovechó la oportunidad. El chico suplicó que le dejasen cantar un par de temas. Era un tipo grande, fuerte, que había llegado allí como segundo plato, a lo Marc Gasol. Media banda de los MG's estaba ya de camino a casa. Le dejaron que cantase algo, casi por compasión. El segundo tema que interpretó fue «These Arms of Mine», que en unos meses estaría vendiendo 800.000 copias por todo el país. Steve Cropper, guitarrista de los MG's, salió corriendo a buscar a los otros miembros del grupo. El chófer tenía una voz increíble, profunda, nostálgica. Era Otis, Otis Redding. Desde ese momento, se convirtió en la imagen de la Stax, de la ola más *roots* que tomó el soul norteamericano.

Son las diez de la mañana y el museo abre sus puertas. Unas cuantas personas esperamos en la cola. Un trabajador vestido con la camiseta del emblemático chasquido de dedos organiza el pase. Dentro se exponen imágenes, vinilos, ropa; mercadeo nostálgico con la vida de esta compañía y sus principales artistas. Por encima de todos, destaca el más grande: Otis Ray Redding Jr.

La aparición sorpresa del cantante de Macon en este cruce de College con McLemore propulsó varias revoluciones. La primera, que en una Memphis y un Deep South que vivían entre dos mundos segregados, con el blanco pisando el cuello del negro, la Stax ejerciese de peligroso ejemplo de harmonía. Sin importar el color de piel, todos compartían experiencias, música y jerarquía. La dinamización iniciada en este barrio aumentó. La discográfica se integró más aún con las calles que la rodeaban, los críos pasaban por aquí a bailar, a comprar discos de Otis y de las otras estrellas de la casa, a departir con ellos. Muchos acabarían convertidos en artistas del sello: Isaac Hayes, los Mar-Keys, Carla Thomas. Más que una empresa, la Stax devino en fórmula de integración comunitaria.

La mayor revolución, de todos modos, quedó para el terreno musical. Frente a firmas coetáneas como la Motown de Detroit, ante la música comercial y el soul más pop, la discográfica de Memphis labró un sonido profundo, sureño, negro. Un concepto de raíz que emanaba de esa mezcla entre la energía desaforada de la cultura afroamericana y su melancolía de años en el cautiverio. Se forjó así el mayor arquetipo del deep soul o southern soul, otra rama más en el árbol genealógico de la música norteamericana. Nadie la representó mejor que la voz gigantesca de Redding, el chófer sobrevenido en estrella de la música mundial.

Es ese estilo áspero, tradicional, menos fastuoso de lo que estaba de moda por aquel entonces, el que entronca a la Stax con los Memphis Grizzlies del *grit and grind*. Porque ellos también partieron de la misma ciudad y de una concepción alternativa del mundo que los rodeaba. De una posición en la que nadie esperaba demasiado de ellos. Porque frente al espectáculo ofensivo que tomó la NBA a partir de la década de los 2010, frente a una liga que sonaba más a Motown que a Stax, los Grizzlies le dieron un toque de raíces y tradición a su recorrido.

Tras su discreta llegada, Marc Gasol tardó poco en convertirse en el corazón de esos Grizzlies. Lo rodeó un coro principal formado por Tony Allen, Zach Randolph y Mike

Conley. Un equipo lento, fuerte, duro, que se convirtió en el buque insignia de la ciudad. Como en la historia de la disquera, los cuatro símbolos del equipo enarbolaron su condición de outsiders. Al aterrizar en 2008, el hermano pequeño de Pau era todavía un desconocido en Estados Unidos con una corta carrera en el continente europeo. Zach Randolph, fichado un año después, era más notorio por sus problemas extradeportivos que por su descomunal talento. Tony Allen apareció en 2010 con fama de gran defensor y poco más, alejado de cualquier tipo de lujo o brillantina. Y a Mike Conley, el primero de todos en llegar a Memphis allá por 2007, le costó lo suyo convertirse en un gran base, pero acabó por ser uno chapado a la antigua; cerebral, menos vistoso que sus contemporáneos y sus mates, pases por la espalda y triples desde nueve metros.

Con un depósito vacío de glamur pero con un fuerte sello de la vieja escuela, el equipo alcanzó cotas poco conocidas para la ciudad en el baloncesto profesional, casi que en cualquier deporte. En 2013 se quedaron a las puertas de la final de la NBA. En 2011 y 2015, en la ronda anterior, en semifinales de conferencia. Lo hicieron con un estilo único, opuesto al de los equipos que los tumbaron en su camino a la gloria —los San Antonio Spurs, los Golden State Warriors—, que ya orbitaban en torno a un nuevo baloncesto basado en el triple, el dinamismo ofensivo, la vistosidad.

El carácter adusto de los Grizzlies del *grit and grind* les hizo emparentar a la perfección con la ciudad a la que representaban, que se enamoró de ellos. Y Memphis —un lugar donde las cosas nunca habían sido demasiado fáciles, una ciudad de provincias en medio del sur profundo, en la que sus grandes éxitos brotaban de cines reconvertidos en discográficas de andar por casa, donde su máxima estrella moría tras una decadencia mal llevada en Las Vegas[112]—, los convirtió en su símbolo. En una de esas raras conexiones que se dan entre franquicias profesionales y la cultura que las acoge.

Sin grandes victorias que adornasen su palmarés, batidos siempre por otros que representaban mejor la nueva época del baloncesto de oro y diamantes, estos Memphis Grizzlies comenzaron su desmembramiento en 2017. Zach Randolph y Tony Allen hicieron ese verano las maletas. Marc Gasol se marchó a Toronto en el invierno de 2019 para ganar su primer anillo de la NBA. Como buen capitán, el último en abandonar el barco fue Mike Conley. Dejó los Grizzlies al final de la temporada 2018-2019, cerrando uno de los más maravillosos capítulos en el deporte de esta urbe. Sus protagonistas y los que los acompañaron dejaron en esas últimas líneas el recuerdo imborrable de los perdedores. Igual que había hecho la Stax medio siglo atrás.

La visita a la antigua sede de la compañía discográfica ha tomado poco más de una hora. Pasamos por la zona de compras agazapados, sin ánimo de que nadie nos invite a gastar el poco dinero que tenemos disponible. Dejamos Soulsville y volvemos al centro para tomarnos un café en el Arcade, la cafetería del *Mystery Train* de Jim Jarmusch. Cerca del Arcade, pasamos por el Lorraine Motel, donde

112. Elvis Presley, el Rey del rock, se mudó a Memphis cuando tenía solo trece años. Aquí murió también en 1977, con solo cuarenta y dos años y un enorme legado a sus espaldas.

fue asesinado Martin Luther King en 1968 y que ahora vive reconvertido en Museo Nacional de los Derechos Civiles.

La muerte que transformó a la Stax, una firma boyante, en otro objeto de museo como este Lorraine Motel se inició en diciembre de 1967. Otis Redding se encontraba en el culmen de su carrera, la discográfica volaba. Con veintiséis años, el de Georgia estaba ya considerado como una de las grandes voces de la música norteamericana. La compañía de Jim Stewart y Estelle Axton vendía vinilos como churros. Pero unos días después de grabar en estos estudios la que acabaría siendo su canción emblemática y póstuma, «Sitting on the Dock of the Bay», el cantante falleció en un accidente de avión en Wisconsin. Con él se fueron cuatro miembros de los Bar-Keys, banda formada por algunos de esos críos que se juntaban a pasar el tiempo en la disquera.

El golpe desestabilizó la firma y todo lo que se había generado a su alrededor. El asesinato de Martin Luther King Jr. tuvo lugar tan solo unos meses después. Las protestas brotaron por todo el país. Se sumaron a la repercusión que seguían teniendo eventos como el asesinato impune de tres activistas por el voto afroamericano en la cercana Misisipi, en 1964[113]. Y la situación racial, tan harmónica, se desequilibró incluso dentro del edificio de College con McLemore.

Aunque los años posteriores a la muerte de Otis Redding fueron también los de mayor bonanza econó-

113. La película *Arde Misisipi* (1988), con Willem Dafoe y Gene Hackman, está basada en este caso.

mica para la Stax, liderados por un visionario afroamericano llamado Al Bell, tan solo una década después llegó el colapso. Golpeada por tensiones internas, engañada en acuerdos con megacorporaciones discográficas y sus métodos caníbales, acuciada por las deudas, estrangulada por unas élites económicas locales que nunca vieron con buenos ojos que una firma tan negra fuese la más exitosa de la ciudad, la Stax entró en quiebra en 1979. Fueron veinte años de historia. Suficientes para marcar el devenir de la música popular mundial.

Puede que el culmen del sonido nacido en esta calle estuviese en la interpretación de «I've Been Loving You for Too Long» que hizo Otis Redding en el Monterey Pop Festival de 1967[114], en el que California abrazó aquel sonido sureño por primera vez. La alegoría: hippies que nada tenían que ver con el ambiente opresivo que se vivía en el Deep South, que quizás no habían visto el Misisipi en su vida, bailando al son del soul más profundo. Otra gota más en el proceso de emancipación, en la liberación de las personas que por su color de piel seguían valiendo mucho menos en el sur del país, esas que siempre tuvieron a la música como vehículo. Una canción que se la podrían haber cantado a Otis Redding meses después, en su funeral. O en las despedidas de Marc Gasol, Zach Randolph, Mike Conley o Tony Allen décadas más tarde.

114. El Monterey Pop Festival se considera el inicio del *Summer of Love* de 1967 en San Francisco, pistoletazo de lo hippie, así como una especie de precursor del festival de Woodstock de 1969. Y Otis, en el inicio de la canción «I've Been Loving You for Too Long» muestra ese espíritu a la perfección cuando grita al público: «*This is the love crowd, right?*». Hay álbum: *Live at the Monterey International Pop Festival.*

El sofoco comienza a apretar al mediodía, porque el calor siempre aprieta en el sur. Siesta en un parque antes de visitar otro de los lugares más populares de Memphis, que deja ese mismo gusto amargo, de derrota. Graceland, la mansión en la que falleció Elvis Presley, marchito el vigor juvenil que lo había convertido en el buque ideal para empaquetarle música negra al público blanco. Solo pasadas las horas, liberada por la noche, la ciudad se pone disfrutona. Pasamos por delante del FedExForum, nueva casa de los Grizzlies, rumbo a Beale Street. Pero demasiado turista, demasiada mercadotecnia, demasiado Hard Rock Café en la calle más popular de Memphis. Y nos escapamos al barrio de Cooper-Young.

La velada mejora. Música en directo, olor a barbacoa, calorcito nocturno que ayuda a relajarse. Tocan los locales Dead Soldiers en el Bar DKDC. *Roots, rock, Tennessee whiskey*. Todo marcha de maravilla. Nos sentamos en una terraza a ver la noche pasar antes de buscar el siguiente garito musical. Hasta que, de repente, rayos, truenos. El diluvio. El clima subtropical siempre guarda sorpresas. La noche pierde fuelle. Y nos retiramos antes de lo que teníamos planeado.

Right place, wrong time.

Es como si en Memphis las historias siempre tuviesen que acabar con un punto melancólico, como el que brota en el deep soul. Como el camino que nos ha llevado hasta Marc Gasol. Como aquella canción de Otis, que dice:

I've been loving you too long to stop now
You were tired and you want to be free
My love is growing stronger, as you become a habit to me

Oh I've been loving you a little too long
I don't want to stop now, oh
With you my life
Has been so wonderful
I can't stop now.[115]

115. Te he estado amando demasiado tiempo como para parar ahora / Estabas cansada y quieres ser libre / Mi amor se hace más fuerte según te conviertes en un hábito para mí / Oh, te he estado amando demasiado tiempo / No quiero parar ahora, oh / Contigo, mi vida/ ha sido demasiado bonita / No puedo parar ahora.

LUSIA HARRIS Y EL REALISMO MÁGICO DEL DELTA

Salimos de Memphis el 23 de agosto. La Dodge apuntando al sur, el Misisipi a mano derecha. En el parabrisas, la Highway 61. Carretera de blues, de leyendas, de Bob Dylan. Kilómetros de asfalto sin cambios de rasante, sin curvas. Sin nada más que dos carriles diseccionados por líneas discontinuas amarillas que nos dirigen hacia el Delta del Misisipi.

El Delta es un epítome de lo que significa el sur en este país[116]. Lo es por su geografía y por su clima. Dieciséis mil kilómetros cuadrados de árboles dispersos, ríos en quietud, estepas sin fin. Dieciséis mil kilómetros cuadrados de una tierra hundida entre los ríos Misisipi y Yazoo en la que la humedad, el calor y la fertilidad se llevan al extremo. Razón por la que ningún lugar contaba con una mayor

116. Proclives como son a pensar que su país es el mundo, al Delta lo llaman aquí «*the most southern place on Earth*», es decir, el lugar más sureño que hay sobre la tierra.

proporción de esclavos durante el siglo XIX, plagada como estaba de campos de algodón. Y con ellos nació el blues del Delta, lengua vernácula de este rincón sin la que no sería posible entender la música popular mundial.

Hay todavía otro rasgo sureño que aquí alcanza el paroxismo. La irrealidad. Un carácter mágico, inverosímil[117], que impregna muchos de los relatos del Delta. Por encima de todos, uno en concreto: el de Robert Johnson.

Hemos llegado a Clarksdale, Misisipi, dos horas después de haber salido de Memphis. Fachadas que parecen quemadas, descorchadas por el sol; locales que albergaron en otros tiempos conciertos de Charley Patton o Muddy Waters. Aparcamos delante de la casa natal de Sam Cooke mientras escuchamos el *Live at The Harlem Square Club*. Dos minutos de caminata y, *pum*, el hogar de otra leyenda, esta más lúgubre: Ike Turner. Giramos a la izquierda, pasamos un local de blues, cinco minutos de camino entre *shotgun houses* y ahí, junto al río, en el 615 de la avenida Sunflower, *pum*: el edificio que albergó el hospital para negros donde falleció Bessie Smith[118]. Y espera, espera, que falta lo mejor. Un poco más al sur, en una intersección por la que pasan muy pocos coches, *pum*: el cruce de la Highway 61 con la 49. Allí, dos guita-

117. Lo inverosímil, en la región del Delta del Misisipi, abarca también su nombre. Por definición, los deltas se crean en la desembocadura de un río en el mar. Y esta zona del noreste del estado del Misisipi está situada a unos trescientos kilómetros del mar. ¿Por qué le llaman entonces Delta a esto? *Who knows*.

118. En septiembre de 1937, Bessie Smith intentaba llegar a tiempo a un concierto en Clarksdale cuando el coche en el que viajaba colisionó contra un camión en la Highway 61. Salió malherida, las ambulancias tardaron en llegar y al día siguiente falleció en el 615 de la avenida Sunflower, por aquel entonces sede del hospital afroamericano G. T. Thomas.

rras se entrelazan en un monumento. Bajo ellas, la palabra sagrada: *crossroads*.

He aquí uno entre la decena de lugares que reclaman ser el escenario en el que, según la leyenda, el bluesman Robert Johnson se encontró con el diablo. Y donde este, a cambio de su alma, le enseñó a tocar la guitarra como los ángeles a un tipo que poco más sabía que hacer sonar la harmónica. Obra o no del diablo, cuando Robert Johnson murió en 1938, a los veintisiete años, se erigió en leyenda fundacional del blues.

Ese carácter mágico lo impregna todo por estas tierras. Se ha reproducido una y otra vez en obras audiovisuales como *Beasts of the Southern Wild*, o en la primera temporada de *True Detective*. En los libros de Tennessee Williams, Toni Morrison o William Faulkner. Y en relatos deportivos como el que hemos venido a buscar.

Porque cuarenta minutos dirección sur a través de la Highway 49, ya en la parte central de la región del Delta del Misisipi, se dice que deambula una historia de baloncesto más propia de la fantasía. La de Lusia Harris, una mujer negra, de sesenta y cuatro años, muy alta. Tanto, que en su momento medía 1,90 metros y era más ágil y talentosa que cualquiera de su tamaño y generación, razón por la que dominó el básquet norteamericano en años en los que femenino era antónimo de profesional. Que su insultante nivel le permitió ser la única negra del equipo de la universidad Delta State, aquí, en un estado todavía profundamente racista como era Misisipi. Que según las estadísticas, las noticias, tan precarias, promedió entre 1973 y 1977 treinta puntos y quince rebotes con ese equipo, al que llevó a ganar tres campeonatos universitarios nacionales. Que fue escogida tres temporadas como MVP de esa competición. Que su dominio entre coetáneas le hizo ser seleccionada en el draft de la NBA masculina, la única mujer de la historia que lo logró. Que incluso en aquella época más intolerante, racista y machista, tuvo la oportunidad de buscarse un hueco en una franquicia de la mejor liga profesional de baloncesto masculino. Y que, pese a todo, fue ella la que no quiso saber nada de la NBA.

¿Real? ¿Mágico? Para saber cuánto de cada cosa hay en el mito de Lusia Harris aparecemos en el pueblo donde nació: Minter City[119].

Es mediodía del 23 de agosto en este conjunto de casas dispersas que, diga lo que diga su nombre, tiene muy poco de ciudad. Hace calor. Mucho. Se escucha el ruido de los bichos. Millones. Según el censo aquí residen unos quinientos habitantes. Demasiados para lo que se ve alrededor: vegetación salvaje, carreteras de tierra, unos cuantos bosques desperdigados, dos o tres casas, plantaciones con mansiones abandonadas. Un horizonte que semeja más lejano que en el resto del país. Y apartado junto a una pista de gravilla, huérfano, el único lugar que parece albergar algo de vida: un local con paredes de chapa y camioneta pick-up aparcada al frente.

Entramos. *Ñiiii* chirría la puerta al abrirse. Una pareja de ancianos afroamericanos regenta una especie de bar-ultra-

119. De camino aprovechamos para hacer una parada en Tutwiler, donde cuenta la leyenda que WC Handy, padre del blues, descubrió este sonido al escuchar a un viejo tocar la guitarra apretando las cuerdas con un cuchillo. A las afueras del pueblo descansan los restos de otra leyenda bluesera: Sonny Boy Williamson II, con su tumba bien surtida de harmónicas y botellas de güisqui.

marinos. Se sorprenden de que entre alguien. Más cuando no lo conocen. *«Oh, Lusia»*, dicen, como si no hubiese otro motivo para llegar hasta aquí. Las sombras en las que está sumido el local contrastan con el sol plomizo que entra por las rendijas de las persianas. La mujer está sentada junto a la entrada y se abanica con un cartón. Él se apoya tras la barra, como esperando a un cliente que no llega. Ambiente que inyecta parsimonia.

Cuentan que la conocen, que claro que la conocen. *«Yeeeeah, we knooow her»*, dicen, alargando las vocales, como si incluso finalizar una palabra diese aquí una pereza insufrible. Suenan los ventiladores de fondo y entre el ruido de las aspas explican que Lusia hace tiempo que no vive en el pueblo, que la que sigue aquí es su hermana Annie. En la casa de una vieja plantación, cerquita. Una construcción blanca, de tres plantas, a mano derecha de la carretera que se abre pegada a un río de agua estancada.

Encontramos a Annie meciéndose en una silla a la sombra del porche. Habla lento. Dice que si queremos dar con Lusia tenemos que ir a Greenwood, a la ciudad, a media hora en coche. Porque allí, en tal calle, vive su hermana. Pero no sabe el número exacto. *«You knoooow the number?»*, le pregunta a la mujer que la acompaña en el porche, *«Noooo, I don't»*, le responde.

Ponemos dirección a Greenwood. El sol aprieta en la Dodge. Hacemos una parada a las afueras del pueblo para comer en The Crystal Grill. Pescado frito, maíz con mantequilla, patatas al estilo sureño. Al salir, el Delta ya pinta su ocaso. Una paleta de todos los rojos y naranjas y amarillos y violetas posibles, otorgándole un carácter más ficticio a todo. Al poco estamos sentados junto a Lusia Harris en el porche de su casa. Y la tarde se vuelve, todavía, más irreal.

Porque Lusia Harris es una mujer encorvada que casi no puede andar. Tímida, muy tímida. Una forma de ser y de comportase con la que no casa la palabra *dominante*, con la que se la definía hace unas cuatro décadas, cuando era la mejor jugadora de Estados Unidos con la Universidad del Delta. Hoy, salvo arreglar el aire acondicionado de su casa, salvo sentarse a estas horas de la tarde a combatir el calor en su porche, nada parece importarle demasiado. Y mientras no se tenga que mover de su silla, dice, no le importa hablar de su historia.

Cae la noche. Los grillos que suenan de fondo hacen difícil seguir la conversación. Aún más cuando Lusia se pone a hablar de su vida sin ganas, en un tono de voz extremadamente bajo. Explica que nació allá en Minter City en 1955, la penúltima de once hermanos. Que empezó a jugar al básquet en el instituto, porque sí, «porque le gustaba y porque era alta». Que como era de largo la mejor en el instituto, pues se fue a serlo también en la universidad. A Delta State, el college que tiene su sede a pocos kilómetros de aquí. Destacó tanto allí que la NBA, la masculina, quiso reclutarla. Fue seleccionada en el draft por los New Orleans Jazz, en el puesto ciento y algo. Y, sonriendo, tímida, sin mucha emoción, afirma que esa es, más o menos, su historia.

—Pero en algunos sitios dicen que fuiste la primera y, en otros, la segunda mujer drafteada en la historia de la NBA. Eso es histórico.

—Sí… en unos sitios dicen que fui la primera y en otros que fui la segunda.

—¿Pero tú crees que fuiste la primera?

—*I don't know.*

Lo fue[120]. Pero en la actualidad «*I don't know*» es la respuesta que Lusia utiliza para casi todo. Para cuando se le cuestiona por qué ni siquiera llegó a presentarse a los entrenamientos de los New Orleans Jazz, rechazando la posibilidad de convertirse en la única mujer en disputar un partido en la historia de la NBA. «No sé; yo sabía que no podía competir con los hombres, así que ni lo intenté.» También para la pregunta de por qué iba a confiar una franquicia en ella, por qué iban a intentar fichar a una mujer si pensase que no podía jugar. Ahí se ríe, como con vergüenza. Y otra vez la misma frase, la misma desgana, el mismo «*I don't know*»: «No lo sé, pero por mi posición, porque jugaba de pívot y medía 1,90, yo pensé que no merecía la pena probar. En la NBA había pívots que medían 2,20 y bases de mi altura. Creo que no podría haber jugado».

La conversación discurre acorde al ambiente que se vive en el agosto del Delta. Ritmo cansino, pegajoso. Entre las preguntas y las respuestas que da Lusia pasan segundos eternos. A partir de la cuarta, de la quinta, pese a que intenta hacer memoria, se disculpa. «Es que no tengo ninguna historia que contar», suelta. Solo al rato, tras tirarle de la lengua, asoman los recuerdos, diseminados. El de participar con la selección estadounidense en los primeros

120. Otra mujer, Denise Long, había sido escogida por los Golden State Warriors en el draft de la NBA de 1969, pero el comisionado de la liga vetó la selección.

Juegos Olímpicos en los que se introdujo el baloncesto femenino, en Montreal 1976. Haber sido la primera mujer en anotar una canasta en la historia olímpica y liderar a su selección a la medalla de plata. Dejar el básquet en 1977, el mismo año en el que fue seleccionada en el draft de la NBA. «Porque, en aquella época, no había ligas profesionales femeninas.» Salir de su retiro durante solo unos meses en 1980, pues para cuando fueron creadas pagaban tan poco que no merecía la pena. Tener ofertas para jugar en Europa. No querer irse tan lejos de su casa. Y, de forma definitiva, retirarse.

Se escribió así el epílogo de la carrera de la mejor jugadora de su generación. En silencio y sin repercusión mediática. En frases cada vez más cortas. El adiós mudo de una jugadora que marcó una época entre mujeres y estuvo a poco de hacerlo con los hombres.

Desde esa jubilación prematura, la relación con su deporte pasó al otro lado de la cancha. A banquillos, a despachos. Sentada en su silla, mirada perdida, Lusia recuerda que trabajó para su antigua universidad de Delta State como ojeadora y reclutadora. Luego entrenó durante unos años a diferentes universidades e institutos. Y sofocada por el calor y la humedad, por la falta de aire acondicionado, por el ruido de los grillos, por todo, dice: «*I don't know*... me he movido, por diferentes institutos... por diferentes sitios, hasta que me jubilé en 1993».

—¿Y no lo echas de menos? ¿El baloncesto?

—Antes sí...

Pausa.

Uno, dos, tres, cuatro segundos.

—... pero ahora ya no. Antes no podía ni ver un partido

de televisión de baloncesto, me ponía enferma. Tenía que apagarla. Pero ya todo está bien.

Se ríe, otra vez, con timidez.

—¿Y no piensas que, en otra época, si hubieses nacido unos años más tarde, podrías haber vivido del baloncesto?

—Sí, antes solía pensarlo…

Uno, dos, tres, cuatro segundos.

—… pero ya no.

Lusia vuelve a extraviar la mirada. Como si ya viviese en otro mundo. A sus rodillas les pasa la factura del tiempo aguantando su 1,90, sus más de cien kilos. Su cabeza se escapa de tanto en tanto a otro lugar. Donde ya no tenga que soportar tanto calor. O el hecho de no poder ganarse la vida con el deporte en el que marcó una época.

En algún rincón de su memoria ha quedado almacenada la primera canasta en unos Juegos Olímpicos. La medalla de plata. Los tres campeonatos nacionales con Delta State, el mayor título colectivo al que se podía aspirar por aquel entonces en el baloncesto femenino estadounidense. El ser la primera y única mujer drafteada por la NBA. Los tres premios MVPs del torneo universitario. Estos adornan ahora la casa de sus hijos. Una vive en Nueva York. La otra en Texas. Uno de los chicos en Luisiana. El último en alguna otra parte del estado de Misisipi.

No hay mucho más que hablar con Lusia. Nos despedimos y ella permanece en el mismo sitio, impertérrita. Sentada en su porche, media melena canosa, espalda recta, sonrisa que no sonríe del todo. Ahí donde intenta sobrellevar la ausencia del aire acondicionado dentro de casa. En ella ha pasado sus últimos veinte años, viviendo junto a una sobrina que llegará en breves momentos, haciendo esfuerzos por olvidar aquello que se le dio tan bien. Y por adiós no dice nada. Solo se ríe, de nuevo, dejando una extraña sensación de si hemos caminado —por tanto calor, por tanta humedad, por tanto grillo y tanto silencio a la vez— más cerca de lo mágico que de lo real. De la fantasía tan trágica que significaba ser una fuera de serie del baloncesto nacida en Minter City[121].

Arrancamos. Es noche cerrada ya. Las carreteras siguen siendo igual de rectas, igual de infinitas. El Delta del Misisipi se expande por kilómetros a la derecha, las estrellas brillan ahí arriba. Paisajes de blues, estampas para reflexionar.

Los Bill Walton, Larry Bird, Magic Johnson, esos que dominaron el baloncesto universitario en los mismos años setenta que Lusia Harris, han logrado vivir hasta hoy de todo lo que les aportó ser unos prodigios. Por el pequeño detalle de ser mujer, no es solo que el nombre de Lusia Harris sea desconocido fuera de Minter City, de Greenwood. O que no pueda casi moverse de su casa. Sino que, durante una época, siquiera se pudo permitir el lujo de rememorar lo buena que era. No fuese a ser que el recuerdo la pusiese enferma.

Hacemos noche en un lugar indeterminado del Delta. Grillos, calor, estrellas, luces de ciudad a lo lejos. Debe de ser Indianola, patria de B.B. King. Quedan por delante días cogidos de la mano del Misisipi. El 24 de agosto pasamos

121. Lusia Harris falleció el 19 de enero de 2022. Llevaba años lidiando con un trastorno bipolar que se manifestó por primera vez cuando dejó el baloncesto. Poco antes de morir, la propia Lusia narró su historia para *The Queen of Basketball*, documental producido por *The New York Times* y estrenado en 2021.

por Vicksburg, por Natchez. Y penúltima parada en el sur profundo, Baton Rouge, sede de Louisiana State University. Donde destacaron Ben Simmons, Mahmoud Abdul-Rauf, Shaquille O'Neal, John «el Gordo» Williams[122].

Ahí, cerquita del cauce del río Misisipi, en medio del campus de LSU, se levanta el pabellón donde todos ellos disputaron sus partidos con los Tigers. Un recinto circular, completamente blanco, que porta el nombre de su mayor mito: «Pistol» Pete Maravich.

Pero esa ya es otra historia.

122. Conocido como John «Hot Plate» Williams en Estados Unidos, luego en España como John «el Gordo» Williams dando buena cuenta de su evolución física, este ex de LSU, Baltimore Bullets, Los Ángeles Clippers y varios equipos de la ACB —Granada, Manresa, Valladolid y Alicante— era la personificación de la clase. Visión de juego, manos rápidas, inteligencia, tiro de tres, rebote, movimientos al poste... todo ello aderezado con un notable sobrepeso. Un jugador de los que ya no quedan.

EL BAILE DE PETE Y NOLA

Noches vivas, calurosas, con vía libre al desparrame. Callejoncitos y soportales escondidos, parques con encanto. Luces tenues, arquitectura colonial. Restaurantes pintorescos en esquinas perdidas. Música. Música que puede ser de una banda reconocida en medio mundo o del vecino del portal de al lado, pero que siempre suena bien. Una ciudad con un punto decadente y otro *bon vivant*.

A Nueva Orleans, Luisiana, nada lo resume tan bien como su geografía. El hecho de que se levante en el punto exacto donde el río Misisipi —arteria aorta de este Deep South, aguas bajando llenas de siglos de historias— desemboca en el Mar Caribe. Esa mezcla de caracteres opuestos es responsable de la ciudad más especial del país. Un reducto francés, haitiano, hispano y afrolatino en medio de un continente dominado por lo anglosajón. Una historia alternativa de lo que podrían haber sido los Estados Unidos[123].

Es 25 de agosto, noche de domingo. La autopista 61 y el río Misisipi nos han traído de forma irremediable a The

123. Así define la ciudad el historiador y músico Ned Sublette en su libro *The World That Made New Orleans*.

Big Easy. Al contrario de lo que ocurre durante el resto de veladas de la semana, cuando es asaltada por turistas en busca de fiesta salvaje, el famoso French Quarter está hoy tranquilo, casi vacío. En lugar de apelotonamientos vemos a personas solitarias, furtivas, recorriendo las calles del centro histórico. Como si la zona volviese de nuevo a su pasado. A las épocas del misántropo y *necio* Ignatius J. Reilly. De Marie Laveau, reina del vudú. Del romance de Pete y NOLA.

NOLA para los amigos, Nueva Orleans para los demás. Fue en una noche tal que así que esta urbe conoció a Pete. En la madrugada veraniega más inesperada, propia de las rara avis que ambos fueron y que son. Los azares de la vida los llevó a darse la mano y la mezcla funcionó. Ambos tenían una forma similar de afrontar la vida, el baloncesto, lo que fuese. Siempre con el disfrute como una forma de atenuar sus tragedias.

Pete, más conocido como Pete Maravich o «Pistol» Pete, uno de los basquetbolistas más espectaculares de la historia, pasó junto a NOLA los mejores años de su vida profesional. Tras separarse de ella, las cosas le fueron siempre peor. Después de la ruptura, Nueva Orleans siguió dedicada a la buena vida, a la rebeldía. A sobrellevar sus dramas, que son muchos y habituales.

Para el recuerdo de aquella relación que duró demasiado poco quedaron algunos vídeos, bocas abiertas, seis años de un baile maravilloso. Uno cuyos pasos se dieron, cómo no, a ritmo de jazz.

Esta noche furtiva de domingo se ha quedado perfecta para rememorarlos.

Ella.

Nueva Orleans es un lugar que se hunde entre arenas movedizas, amenazado por el mar, apartado en un punto del mapa solo alcanzable mediante una travesía por pantanos, ríos, manglares y lagos. La localización, tan extraña, sirve como aviso de que lo está por llegar.

Solo unos ojos del siglo XVIII pueden entender cómo alguien decidió levantar aquí una ciudad. Dominar la entrada al Misisipi contaba en esa época con un atractivo imperial: el río era una vía de comunicación que llegaba desde el Mar Caribe hasta casi Canadá. Fue por ello que unos exploradores de la corona francesa se aventuraron en 1718 por este barrizal para crear *La Nouvelle-Orléans*. En honor al monarca Luis XV, a todo el territorio de la nueva colonia se le denominó *Le Louisienne*.

Los eventos que se suceden a partir de ese año forjaron en NOLA una forma de ser diferente, opuesta al resto del país. Para empezar, una de las primeras decisiones de la corona francesa fue enviar aquí a lo más florido de su sociedad. Por la fuerza. Exconvictos, ladrones, pícaros, prostitutas y un largo etcétera de gente con una forma diferente de ver las cosas.

Si la cosa ya apuntaba maneras, al cóctel se le unió un detalle habitual en los libros de historia: un rey español va y hace algo que no debería hacer. En 1761, el borbón Carlos III de España decidió acudir en ayuda de Francia y su primo Luis XV en el marco de la Guerra de los Siete Años, que enfrentó por todo el mundo los intereses de franceses y británicos. El desastre bélico fue total para España, pero la fidelidad tuvo su compensación. Luis XV le cedió la colonia de Luisiana a su primo Carlos III. Y

Nueva Orleans pasó a ser territorio hispano durante cuarenta y un años.

Ese tramo de gobierno español generó cambios de calado en la ciudad[124]. Se aplicó una pizca de laxitud al régimen esclavista. El mestizaje entre razas se hizo norma. Comenzaron a desembarcar esclavos de las zonas de la actual Congo y Angola[125], y con ellos una tradición musical diferente. Una que basaba su sonido en la percusión y el baile, no en los instrumentos de cuerda y las raíces árabes que predominaban entre los afrodescendientes del resto de los futuros Estados Unidos.

Otros componentes se sumaron al variopinto cóctel. La influencia que ejercieron oleadas de refugiados haitianos en la ciudad. Las estrechas relaciones con los pueblos nativo-americanos, que databan de la época francesa. Y, sobre todo, el hecho de que NOLA se construyese a imagen y semejanza de La Habana, capital por aquel entonces del Caribe español. Urbe portuaria, rica, esclavista, indulgente, rebelde, negra, musical y libre. Rasgos que, barco va, barco viene, contagiaron Nueva Orleans.

Todo ello hizo de este enclave una realidad antitética al Deep South. Un lugar mestizo, abierto, canalla y diver-

124. En Nueva Orleans hay calles que todavía muestran el viejo nombre de la época hispana —«Camino de Bayona»— y muchas recetas de la comida criolla y cajún de la ciudad cuentan con elementos de la cocina española. Hay más: a unas dos horas en coche de NOLA encontramos, a los días, un pueblo con el nombre de New Iberia, fundado por colonos malagueños en 1779 y donde los carteles electorales muestran apellidos poco habituales por aquí, como Blanco o Rodríguez.

125. Tras una revuelta de esclavos musulmanes, la corona española había prohibido la llegada a sus territorios de cautivos de zonas de influencia árabe, los cuales siguieron siendo mayoría en las colonias inglesas de Norteamérica.

tido, contraposición a la región más racista y conservadora del país. Una excepcionalidad que se refleja en su música.

Los relojes marcan las dos de la mañana. Caminamos unas calles al norte del Barrio Francés. No hay coches a la izquierda, no hay coches a la derecha: cruzamos Rampart Street. Ahí, al otro lado de una verja, cerrado a estas horas de la madrugada, tenemos el Louis Armstrong Park. Dentro descansa la estatua del buque insignia del sonido local. Y a unos metros de Satchmo, la señal que marca la antigua localización de Congo Square, espacio de reunión dominical para los esclavos negros de Nueva Orleans. Donde, producto de aquellos tambores llegados del Congo y Angola, primo hermano del carácter afrolatino que incubó la salsa, el sol, la samba o el tango, vio la luz el género con mayúsculas de la música norteamericana: el jazz.

La herencia gestada en Congo Square llega hasta hoy. Siguen sin venir coches y cruzamos de nuevo Rampart Street. Retornamos al French Quarter. Al 726 de St. Peter Street. Ahí, sus puertas ya cerradas, ambiente estancado en el tiempo con suelos de madera y paredes revenidas, está el mítico Preservation Hall. La pequeña, íntima, sala de jazz de la que arde parte de la tradición musical de esta ciudad.

El Preservation Hall y su *modus operandi* es una de las miles de muestras de que aunque Estados Unidos adquirió el estado de Luisiana en 1803, poco importó. NOLA, su cultura, todo aquello que se gestó en Congo Square, han logrado mantenerse únicas frente a lo protestante y lo *americano*. En este local fundado en 1961, donde la segregación nunca existió, tocan casi a diario músicos reputados en todo el globo. Negros del Tremé, el barrio afroamericano más antiguo del país; foráneos nacidos en las partes más lejanas del globo; todos miembros de la Preservation Hall All Stars. Interpretan puro *jazz made in New Orleans* en este saloncito, para unos cuantos. Fuera del particular mundo de esta urbe lo harán en grandes salas de conciertos, por dinerales. Pero aquí, ya se sabe, todo es más leve.

Hay otras anécdotas sintomáticas a la hora de explicar el carácter exclusivo de la ciudad. Eventos que reflejan su excepcionalidad. Como esa de 1981, cuando el Senado del estado intentaba tramitar una ley que prohibía el consumo de bebidas en la calle. Indignado, defendiendo los intereses de sus vecinos, el senador por Nueva Orleans dejó claro que aquello no iba con ellos: «¡Esto ya es pasarse!».

Prohibir beber en la calle. En Nueva Orleans. *C'mon*. Si los pocos con los que nos cruzamos de camino a Frenchmen Street llevan todos una cerveza en la mano.

Él.

Pete Maravich nació un 22 de junio de 1947 en un mundo muy diferente: en Aliquippa, Pensilvania, al pie de los Apalaches. ¿Recordamos? Humo, fábricas, acereras. Bilbao versión americana, con centroeuropeos haciendo de gallegos, de castellanos, de extremeños. En Aliquippa, uno entre muchos, estaba Pete: hijo de Press y Helen Maravich, ambos de origen serbio.

Press, el padre de familia, era en Aliquippa una estrella del baloncesto. Jugador inteligente, con gran visión de juego y buen tiro. Con gusto por lo estético y el espectáculo. Prometedor. Hasta que su carrera se vio truncada por el inicio de la Segunda Guerra Mundial. Fue al regreso de su servicio en el frente que Press Maravich trazó un cambio de rumbo. De no triunfar como jugador, se dijo, lo intentaría como entrenador. Y por encima de cualquier otra cosa, con una obsesión insana, buscó hacerlo también a través de su hijo Pete, al que quiso esculpir como el fenómeno que él no pudo llegar a ser.

En 1956 Press aceptó una oferta para entrenar en Carolina del Norte. La familia formada por Helen, Pete y Ronnie, el hermano mayor, lo acompañó en su viaje al sur. La mudanza llegó con un impacto. En un lugar más racista, donde cualquier expresión de lo afroamericano era puesta bajo sospecha, el pequeño Pete fue visto desde un principio como un elemento extravagante, incomprendido, sino que lo acompañaría toda su vida. Era blanco, media melena, de clase media, pero se relacionaba con la bola como un negro. Pases por la espalda sin mirar, crossovers de esos que solo se veían en templos como Rucker Park y que su padre le había inculcado desde que era un enano. Su estilo levantó tantas sospechas como confusiones en las Carolinas, donde cualquier atisbo de mestizaje era susceptible de delito.

Una perplejidad que se reflejó en la frase de un entrenador afroamericano al ver jugar a Pete: «¡Dios! ¡Pero si es uno de los nuestros![126]».

Ese estilo espectacular de vivir el baloncesto hizo de Maravich una estrella. Lo convirtió en Pistol Pete. Sus primeros años de instituto estuvieron regados de llenos en los pabellones y portadas en los periódicos nacionales. Su

126. Anécdota recogida en la biografía *Pistol*, de Mark Krieger.

color de piel ayudaba. Era *la gran esperanza blanca*, el chaval que dominaría entre negros, el Mesías para un ecosistema mediático racista que quería ver a uno de los suyos entronado, aunque fuese a costa de jugar como un afroamericano.

A la vez, como es el caso de tantos críos adolescentes que alcanzan el firmamento, esa precocidad lo enfrentó desde muy joven a las expectativas y exigencias que se generaban alrededor. A las de un padre que lo presionaba para verlo convertido en el mejor del mundo. A los problemas con el alcohol de su madre. A las oscuras historias que traía su hermano Ronnie tras combatir en Vietnam. Su contexto se tornó así en gasolina para un incendio incipiente. Para Pete, el básquet fue mudando en refugio y droga, una que nunca le aportaba la dosis suficiente de aplausos, alabanzas y ovaciones que necesitaba para evadirse de tanta miseria. De una autoestima frágil. De sí mismo. Ahí empezó a sumar la bebida a la ecuación.

Paradoja cruel, la búsqueda de aceptación en un mundo en el que siempre se sintió extraño, triste, hizo de Pete el jugador más divertido. Jugadas memorables, contraataques fulgurantes, asistencias entre las piernas, canastas imposibles. Los propios Harlem Globetrotters, cénit del ritmo afro llevado al básquet, se lo quisieron llevar por el mundo. Pero su destino era otro. Previo paso por la Universidad Estatal de Luisiana entre 1967 y 1970, donde batiría todos los récords de anotación[127], Pete acabaría desembarcando en la NBA.

127. Maravich es todavía el máximo anotador de la historia de la NCAA, con una media de cuarenta y cuatro puntos por partido con los Tigers.

Las manos de Pete y NOLA se entrelazaron en el verano de 1974. Fue el retorno de Maravich a Luisiana tras su época universitaria; la unión de dos estilos de vida consagrados al espectáculo, al disfrute. Pistol Pete había pasado ya por aquel entonces cuatro años en los Atlanta Hawks, donde su talento no había sido comprendido. Era muy bueno, sí, pero para qué, se decía, si nunca había logrado ganar nada, si solo servía para dar espectáculo. En la ciudad de Georgia asomaron unos fantasmas que ya no lo abandonarían. Depresiones graves, primeros coqueteos con la idea del suicidio. Era el payaso triste de las pistas. Espectáculo en ella, vida angustiosa una vez ponía un pie fuera. Hasta que, en medio de la noche, apareció la mano de NOLA.

1974 estaba marcado como el año de debut de una nueva franquicia de la NBA con sede en Nueva Orleans. Al nombre no hubo que darle muchas vueltas y se consagró en honor al producto más internacional de la ciudad. Ya que crear una plantilla ganadora desde cero era muy difícil, los recién fundados New Orleans Jazz buscaron formar un equipo que, al menos, atrajese al público por su espectáculo. Más que ganar, había que divertir. Recurrieron al mayor gancho que tenía el mundo del básquet por aquel entonces.

No podía haber mejor lugar para Maravich. Una ciudad mestiza como su juego, en la que pasar un buen rato importaba más que ganar. En la que el blanco que jugaba como un negro y nunca ganaba parecía un traje hecho a medida. Pete —larguirucho, melena al viento, aspecto bohemio— portaba el mismo estilo que los músicos que salen en esta noche de The Spotted Club, uno de los garitos de referencia en Frenchmen Street. Argentinos, negros, letones, judíos neoyorquinos. Famosos algunos, desconocidos los otros. Dos se paran a tocar algo en la calle, mientras otros se acaban unos botellines de Red Stripe y se fuman su canuto. Caminan hacia el último local con vida en la calle, donde también suena música y la gente baila y el tiempo parece no importar y lo único que cuenta es disfrutar. Seas quien seas.

Hemos llegado hasta aquí después de rastrear huellas musicales en el Tremé. Pasamos por la puerta del Mother-in-Law Lounge, donde Kermit Ruffins, uno de los trompetistas más reconocidos de la ciudad, vive bajo esa misma filosofía local, a la que se le hace un guiño en la serie que lleva el nombre de este barrio. En el capítulo piloto de *Tremé*, el músico británico Elvis Costello se acerca a un garito de Nueva Orleans a ver, a escuchar, a conocer al tal Kermit Ruffins. Su amigo Davis le dice a Kermit que vaya a junto a él, que un tótem como Elvis Costello puede ser su pasaporte hacia el reconocimiento en todo el mundo, que merece alcanzar la fama. Pero Ruffins pasa. Davis lo increpa, le dice que si todo lo que quiere en su vida es quedarse aquí fumando yerba, tocando la trompeta y haciendo barbacoas con sus colegas. «Pues no estaría mal», le responde Kermit.

Camino hacia Frenchmen Street atravesamos el barrio de Fabourg-Marigny, antiguo distrito criollo[128]. Casa de

128. Aunque en Nueva Orleans es un término complejo y que ha evolucionado durante los siglos, *criollo* hace referencia a cualquier tipo de herencia previa a que NOLA se convirtiese en parte de los Estados Unidos. Una familia de origen criollo sería aquella que, blanca, mulata o negra, tiene apellidos franceses, que habló francés hasta hace unas décadas, o en la que permanece cualquiera de esos rasgos culturales propios de la cultura no anglo.

Lizzie Miles. De Sidney Bechet. O de un Jelly Roll Morton que inició su carrera en los prostíbulos de Nueva Orleans y acabó por girar por todo el país. Hasta que, fanfarrón él, clamó sin serlo que era el creador del jazz.

Y con esos antecedentes en mente, la pregunta es cómo esta ciudad no iba a adoptar a Pete Maravich como una expresión local más. En aquel verano de 1974, a los pocos días de anunciar su incorporación, los niños paraban a los dueños de la franquicia por la calle para preguntarles cuándo llegaba Pistol, la demanda de entradas disparada por encima de lo planeado. Pete, después de años de presión familiar y profesional, señalado de forma constante porque todo su espectáculo no servía para ganar partidos, había encontrado por fin un entorno que se adaptaba a su forma de ser, de jugar. De vivir. Un lugar opuesto a todo lo que lo rodeaba.

Cumplió con creces. Sus New Orleans Jazz llenaron el Superdome, abarrotado día sí día también. Hasta hubo una época en la que parecían encontrarse en la senda del triunfo, ese sueño de sentirse ganadores que siempre les había resultado tan esquivo a Maravich y a NOLA. En la que los Jazz, amén de divertir, pudieron también competir por el título de la NBA. Sucedió entre 1977 y 1978. Pistol superó los treinta puntos de media por partido, fue máximo anotador de la NBA, acudió a su segundo All-Star, el equipo ganaba partidos. Compañeros y rivales estaban a sus pies. Podría haber sido el preludio al final feliz. Pero no.

En ese punto del baile, con los éxitos a la vuelta de la esquina, el drama llamó a la puerta. Los Jazz, en medio de una racha de ocho victorias consecutivas, con los playoffs a tiro por primera vez en el corto recorrido de la franquicia. Visita a la fría Búfalo, 1 de febrero de 1978. En un contraataque, él solo, dando un pase entre las piernas mientras saltaba en el aire, fiel a su estilo, se partió la rodilla. El jazz dejó de sonar. Se acabó la jarana.

El equipo entró en una racha negativa que les hizo perder muchos, demasiados partidos de forma consecutiva. Los playoffs, desvanecidos, como lo hacen los sueños al despertar. La rodilla de Pete no mejoró para el inicio de la siguiente temporada y se perdió casi la mitad de la temporada regular. Los problemas entre la franquicia, el jugador y el entorno se tornaron insostenibles una vez se echó el telón del espectáculo. El Superdome se vació y los dueños de los Jazz decidieron poner punto final a la aventura. Desde la temporada siguiente y hasta hoy, la franquicia pasó a residir en Salt Lake City, Utah, el estado de los mormones. Las antípodas culturales de la frivolidad caribeña del jazz, de Pete, de Nueva Orleans[129].

Tal y como auguraba en sus épocas más oscuras en Atlanta, Pistol murió joven, al poco de que los Jazz dejasen Nueva Orleans. Desde ese momento solo jugó cuarenta y tres partidos más en la NBA, repartidos entre Utah y Boston. En 1980 se jubiló, alejado de la gloria que prometían sus inicios. Dejó las pistas, sustituyó el alcohol por el evangelismo militante y se convirtió en una especie de predicador. Parecía otra vez el comienzo de un final feliz,

129. Junto con el de Memphis Grizzlies, el nombre de Utah Jazz sigue siendo uno de los más incongruentes de la NBA. Pocas cosas pueden pegarle menos que el jazz a Utah, estado de los muy conservadores mormones, esa secta a la que le ha ido tan bien que ya nadie la llama secta.

este ya con un punto agridulce. Pero ocho años después, falleció. Lo hizo de la única forma que supo, para bien o para mal: con un balón en las manos. Un ataque al corazón fulminó a Pete Maravich con solo cuarenta años en una pachanga de baloncesto entre amigos en Pasadena, California.

Huérfana durante años de baloncesto, desde aquel 1979 en el que se desterró a los Jazz, NOLA siguió a lo suyo, combatiendo con rebeldía y espíritu vividor las desgracias que le trajo la vida. La más grave y reciente, la del huracán Katrina en 2005. Después del drama, el regreso oficioso de la ciudad se produjo en un Mardi Gras, su famoso carnaval. Nadie sabía quién había vuelto o quién había muerto, pero la música, sangre de estas calles, estaba de regreso.

Las noches de domingo son el momento perfecto para conocer esa idiosincrasia tan particular de Nueva Orleans, que subyace a tanto turista, a tanta comercialización que toma su centro, producto de una reconstrucción post-Katrina que ha dejado a muchos a un lado. En la que élites y fuerzas de seguridad aplicaron un sesgo racista que, pese a todo lo que diferencia a esta ciudad del resto del sur, también habita en sus entrañas.

A altas horas de este 25, ya 26 de agosto, volvemos a un French Quarter que se ve vacío y tenebroso, en honor a su tradición. A aquel lugar oscuro, sucio y bandido; el territorio de personajes fuera de la ley o que la ley no tenía en cuenta. Pasamos por el 624 de Pirates Alley, vieja casa de William Faulkner, reconvertida ahora en librería. Y lo que resta de noche se esfuma entre personajes excéntricos, travestis y músicos en retirada de hacer la jornada en

Frenchmen Street. El extracto de población que ha encontrado aquí su santuario desde el momento en el que aquel rey de Francia, tan visionario, envío aquí a su población más perdedora.

Homenaje a todos ellos, la historia del baile de NOLA y Pete plantea una duda razonable. La de que, quizás, vivir a contracorriente, dar un pase por la espalda sin mirar, meter un gancho desde el medio del campo, bailar toda la noche con la célebre Hot 8, sentarse en un porche y beber una cerveza mientras se ve la vida pasar, son detalles muy importantes. Más importantes que ganar.

La Dodge está aparcada lejos del centro, a la puerta de un hostal donde pasaremos lo que queda de noche. La temperatura es perfecta para caminar. Antes de salir de la parte vieja de la ciudad, bajo un balcón, entre las sombras, una pareja se besa.

Pasamos junto al Superdome, soportal particular en la historia de NOLA y Pete. Esa que cuenta cómo los planetas se alinearon durante unos años para que dos eternos perdedores estuvieran cerca de ganar juntos, de la mano. El mismo Superdome donde la ciudad, años más tarde, vivió una de sus particulares resurrecciones[130].

Tras el Superdome ponemos ya el piloto automático.

130. El mismo Superdome que se llenó para disfrutar de Pete Maravich fue el refugio utilizado por los vecinos que se habían quedado sin nada durante el huracán Katrina de 2005. Cinco años después del desastre y retornados ya a su casa del Superdome, los New Orleans Saints de la NFL consiguieron en 2010 alzarse con la Superbowl LXIV, la primera de su historia. Fue otra meta volante en el regreso de Nueva Orleans a la vida y el dueño de los Saints lo sabía mejor que nadie. Mientras bajaba al césped para celebrar el título, se le escuchó gritar: «¡Hemos vuelto!».

Ojo medio cerrado a lo Forest Whitaker, pasito a pasito, la cama como último objetivo en esta noche caribeña que, cosa rara, dormita ahora ya en silencio.

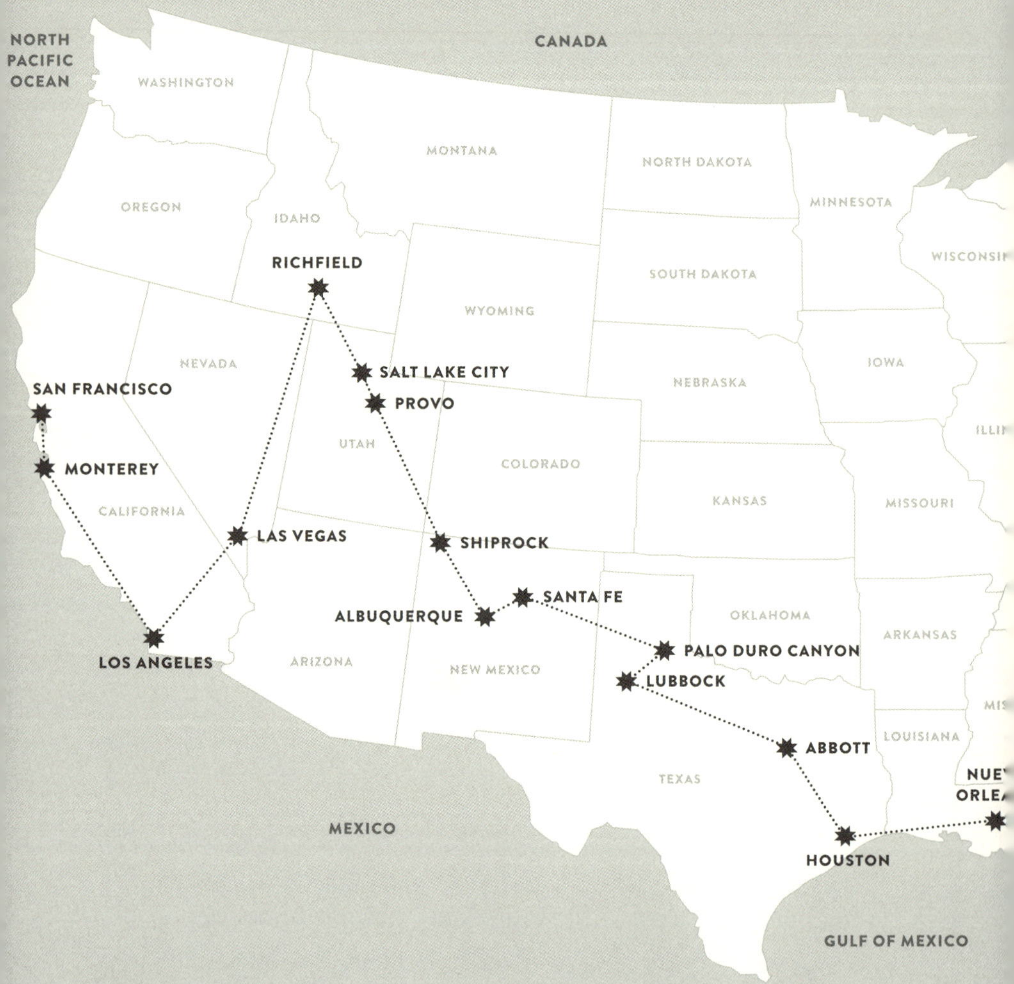
NORTH PACIFIC OCEAN
CANADA
WASHINGTON
MONTANA
NORTH DAKOTA
OREGON
IDAHO
MINNESOTA
RICHFIELD
WYOMING
SOUTH DAKOTA
NEVADA
SALT LAKE CITY
SAN FRANCISCO
PROVO
IOWA
NEBRASKA
UTAH
COLORADO
MONTEREY
KANSAS
MISSOURI
CALIFORNIA
LAS VEGAS
SHIPROCK
SANTA FE
ALBUQUERQUE
OKLAHOMA
ARKANSAS
PALO DURO CANYON
LOS ANGELES
ARIZONA
NEW MEXICO
LUBBOCK
LOUISIANA
ABBOTT
TEXAS
MEXICO
HOUSTON
GULF OF MEXICO

V.
EL OESTE

«EL VERDADERO OESTE SE DIFERENCIA DEL ESTE DE UNA MANERA ENORME, PENETRANTE, PODEROSA E IMPRESIONANTE: EN EL ESPACIO.»

William Least-Heat Moon, *Blue Highways*

JORGE GUTIÉRREZ: LA FRONTERA LO CRUZÓ

El punto exacto en el que comienza el oeste no existe. Más que hablar de un punto cardinal, la palabra *west* implica en Estados Unidos el comienzo de otra realidad. De un mundo tomado por lo indómito, lo salvaje, lo inabarcable. Por la *libertad*. No la libertad que ofrece la igualdad de oportunidades y la justicia social, sino esa otra que regía en el Lejano Oeste y bajo la que imponen su ley los que más tienen. La *libertad*, en cursiva, de ser individuos aislados en un mundo sin normas, de escoger cómo morirse de hambre. O como escribió Kris Kristofferson en «Me and Bobby McGee» y cantó luego Janis Joplin: «Libertad es solo otra forma de decir 'nada más que perder'».

En los albores de este país, cuando las colonias europeas todavía vivían apegadas a la costa atlántica, su frontera con el *oeste* era algo definido. La marcaron primero los Apalaches, luego el Misisipi. Más allá, *la nada*: cherokees, sioux, pumas, bosques en la bruma. El abismo. Pero desde que el continente al completo fue sometido, el inicio del lejano oeste se ha vuelto algo más arbitrario. Se puede situar allí donde desiertos, montañas y cañones comienzan a ser habituales. En la línea que forman las fronteras orientales de los estados de Montana, Wyoming, Colorado y Nuevo México. O en el punto donde las sensaciones sufren un cambio radical.

Porque si el sur profundo era sinónimo de sudor y ruido, de agobio, frondosidad y mosquitos, el oeste asalta con todo lo contrario. Toneladas de espacio. Lugares desangelados. Silencio, sequedad y extensiones sin vida. De la opresión sureña hemos pasado al desamparo, a necesitar un abrazo.

Es 3 de septiembre de 2019. Hace días que topamos con esos primeros indicios en el occidente de Luisiana, a trescientos kilómetros de Nueva Orleans. Entre praderas y caballos hicimos parada en una fiesta cajún. Sombreros, camisas de cuadros, violines. La gente que baila cogida del ganchillo mientras corre la carne de caimán rebozada, el *étouffée*.

El bosque sigue perdiendo densidad al cruzar la frontera de Texas. Los aviones aterrizan en el aeropuerto de Houston, donde en 1980 comenzó el sueño de Hakeem «The Dream» Olajuwon. Portero de fútbol en su Nigeria natal, adolescente en búsqueda de una universidad en la que probar ese deporte que le recomendaron por sus 2,13 metros, ningún miembro de la Universidad de Houston se acercó a recibir a Olajuwon. Un par de años después, junto a Clyde Drexler, llevaba a los Cougars a dos finales de la NCAA. Y en 1994 y 1995 ganó con Houston Rockets dos de los cuatro anillos de la NBA que Michael Jordan dejó libres en los noventa. En ese mismo 1994, Olajuwon se convirtió en el único jugador de la historia que se llevó los premios de MVP de la temporada regular, MVP de las finales y Mejor Defensor en un mismo curso.

¿Qué es dominar? Hakeem Olajuwon era dominar.

Pero sucede que ni Olajuwon, ni Drexler, ni siquiera Kevin Durant con la Universidad de Texas fueron capaces de darle un título a este estado en la NCAA. Desde la crucial victoria de Texas Western en 1966[131] hasta la del equipo masculino de Baylor en 2021, todas, seis en total, llevan el nombre de mujeres.

Ponemos dirección noroeste desde Houston y llegamos a Waco, para siempre relacionada con el asedio y masacre de los Davidianos[132], pero donde el drama no ha dejado ni rastro en su vida. Día a día perezoso, caluroso; una ciudad de tamaño medio, tranquila y estudiantil. Pasamos los más de treinta grados junto al fresquito del río Brazos, que disecciona la urbe. El nombre evoca westerns del pasado, pero todos con los que nos cruzamos, algunos de ellos caña en mano, tienen más aire del icono chicano Danny Trejo que de John Wayne.

—¿Pescáis algo?

131. El título de 1966 de Texas Western, universidad ahora conocida como Universidad de Texas en El Paso, fue uno de los hitos deportivos en la lucha por los derechos civiles. Los texanos fueron el primer equipo en ganar la NCAA con un quinteto inicial formado íntegramente por jugadores negros, y lo hicieron en la final ante Kentucky, que se mantenía como un conjunto solo para blancos. Texas Western y su título fueron una de las primeras pruebas irrefutables de la superioridad del básquet afro.

132. Los Davidianos de la Rama fueron una secta dirigida por David Koresh y asentada a unos quince kilómetros de Waco, en el Mount Carmel Center. Entre febrero y abril de 1993 fuerzas policiales de los Estados Unidos comenzaron un asedio del complejo, que acabó con la muerte de setenta y seis davidianos. Como toda secta norteamericana que se precie, los Davidianos tuvieron su serie en Netflix: *Waco*.

—Nooooo, güey.

—¿Nada?

—La neta.

Caminamos junto al Brazos hasta el pabellón de la Universidad de Baylor, ganadora de tres títulos universitarios de baloncesto femenino, uno de ellos en el increíble 2012 de Brittney Griner. En ese año, la pívot de Houston no solo ganó la NCAA, no solo fue escogida mejor jugadora de la temporada regular y del torneo final. No solo hizo el segundo mate en la historia del campeonato. No. Más allá de todo ello, dejó una estadística salvaje: puso más tapones que ningún *equipo*. Ningún equipo.

¿Qué es dominar? Brittney Griner es dominar.

Mantenemos rumbo noroeste tras una parada en Abbott a degustar algo de la dieta tex-mex. Chili. Costilla asada. Unas tortillas que nos agenciamos para el camino. Y *on the road again* a lo Willie Nelson, leyenda del outlaw country e hijo pródigo de este pueblo de poco más de trescientos habitantes. La noche nos atrapa entre campos yermos, torres de alta tensión, molinos eólicos, rayos que caen en algún punto del horizonte. Dormir y seguir. Y seguir. Porque las distancias se multiplican en esta parte del país, donde un paseo entre pueblos vecinos puede ser cuestión de horas.

El bosque se convierte en pradera. Esta en desierto. Los paisajes semejan ya los de *Paris, Texas*. Suenan en la cabeza, *twuaaan twuuuun*, los guitarreos de Ry Cooder. Y llegamos a Lubbock.

Otra urbe de existencia anodina, Lubbock es la sede de Texas Tech, universidad a la que Sheryl Swoopes llevó en 1993 al título de la NCAA. Lo hizo con otro récord histórico: cuarenta y siete puntos en la final, marca nunca igualada por nadie, hombre o mujer. Tres años después, Swoopes destacaría en las Houston Comets que ganaron los cuatro primeros títulos en la historia de la WNBA.

¿Qué es dominar? Exacto: Sheryl Swoopes era dominar.

A las horas de cruzar Lubbock, mil kilómetros después de entrar a Texas pero todavía en territorio de este estado, damos con el oeste en su máxima expresión: Palo Duro Canyon. Hemos aparcado en una esplanada elevada sobre el cañón. Cae la tarde. A nuestro alrededor, barrancos, tierra rojiza, lomas peladas. Silencio. No se vislumbra vegetación fuera de los arbustos bajos, que brotan dispersos.

Solo sobra una cosa: el espacio.

El *oeste*, esta extensión de nada que llega hasta donde alcanza la vista, se extiende a miles de kilómetros de aquí. Abarca dos países y muchos estados. Texas, Arizona, Nuevo México, Oregón, California. Chihuahua, Coahuila, Sonora, la Baja California. Lugares que comparten historia, gastronomía y apellidos comunes; en gran parte un mismo idioma. Que están unidos por este mismo paisaje sin fin. Y que, pese a todo, viven divididos por una raya imaginaria de tres mil kilómetros en el mapa político.

Algunos de los que se rebelan ante ella dicen que ellos no han cruzado nada, que ha sido la frontera la que los ha cruzado a ellos[133]. Un dicho muy habitual y que se puede aplicar perfectamente a la biografía de Jorge Gutiérrez,

133. Tras la guerra mexicano-estadounidense de entre 1846 y 1848, México se vio obligada a firmar la paz de Guadalupe Hidalgo. Los Estados Unidos se anexionaron con ella lo que hoy son los territorios de California, Nuevo México, Arizona, Nevada, Utah, Texas, Colorado y parte de Wyoming.

el basquetbolista que pasó de un lado al otro de esa línea botando un balón.

Jorge Gutiérrez nació un 27 de diciembre de 1988 a mil kilómetros de aquí, en la ciudad mexicana de Chihuahua. Su vida, por aquel entonces, no parecía encaminada a cruzar la frontera. Familia de clase media, pocas preocupaciones, un estatus que libraba de emigrar *al norte*. Pero ocurrió que su padre y su tío, exjugadores ambos, empujaron a Jorge a practicar un deporte mucho menos habitual *south of the border*. El pequeño Gutiérrez destacó en el baloncesto y su vida comenzó a convertirse en una divergencia de la narración habitual entre sus vecinos. Jorge emigraría al norte pero con un propósito distinto: jugar contra los mejores jugadores de baloncesto.

Así, una entre muchas, la odisea de Jorge Gutiérrez —1,91, piel morena, perilla negra carbón, acento norteño— pasó a contar con los mismos ingredientes que las de otros tantos latinos. Una larga lista de despedidas, viajes, soledades, racismos, morriñas y miserias asentadas al norte de la frontera. Fue un personaje de novela de Cormac McCarthy, de Roberto Bolaño, de Juan Rulfo; uno de esos cuya historia atraviesa esa línea como si no existiese.

Su viaje comenzó el día que escuchó por Chihuahua el rumor que le cambiaría la vida: un tal Héctor Hernández[134] estaba llevando a los mejores jugadores de la ciudad a probar en un instituto de los Estados Unidos. Se

134. Nacido en Chihuahua tres años antes que Jorge y con un paso por el mismo Abraham Lincoln de Denver, Héctor Hernández ha hecho carrera entre la universidad de Fresno State y las ligas de Israel, Venezuela, México y Puerto Rico.

subió con otros tres compañeros a una furgoneta. Atravesaron la frontera, los mil quinientos kilómetros que separan Chihuahua de Denver. En las ventanillas, estampas como las que vemos este 3 de septiembre. Cañones, montañas, desiertos que nunca acaban. Y comenzaron a perseguir así, a través del baloncesto, ese *páradais* esquivo que muchos intentaron alcanzar fregando platos, recogiendo fresas, podando jardines.

«El caso es que llegamos», dice Jorge al otro lado del teléfono, desde su enésimo país desde aquel entonces. «Lo importante es que llegamos, no si lo hicimos de forma ilegal o no.» Y en su destino, en el instituto Abraham Lincoln de Denver, la adaptación de aquellos niños de quince años apartados de su casa fue más suave de lo esperado. El contexto no había cambiado tanto. Un 90% de los estudiantes del centro eran latinos, un muy alto porcentaje de estos, indocumentados. Una constante de los barrios trabajadores de todo el oeste de Estados Unidos[135] que fue el amortiguador de su salto al vacío.

Fueron los primeros pasos en la odisea de un emigrante, donde cada movimiento, cada nueva mudanza, cada experiencia, resta energía. En la que cada jornada que pasa no es un día menos de viaje, como lo es para cualquiera que coja la mochila por gusto, sino un día más sin ver a la familia, a los amigos, a la tierra. Un periplo sin vuelta atrás.

135. En la actualidad, se estima que hay unos cinco millones de mexicanos y dos millones de centroamericanos todavía considerados ilegales en Estados Unidos.

«Lo que yo digo mucho es que nos fuimos sin billete de regreso: volver no era una opción. Quizás fue gracias a esa actitud y a que el Lincoln High School necesitaba jugadores para hacer un equipo más fuerte que, desde que llegamos, tuvimos la oportunidad de competir. Y destacamos.»

En 2004, Jorge dejó muestras de su calidad en su primera temporada. Defensa, puntos, carácter tenaz. Los buenos resultados atrajeron los focos y con ellos llegaron los ataques racistas del público de otros institutos, cantos de *ilegales*, programas de radio que criticaban que aquellos niños no supieran dar una entrevista en inglés. El segundo año, con una nueva hornada de mexicanos norteños en la plantilla[136], quedó para la venganza. Primer título estatal en décadas para el Abraham Lincoln. Jorge Gutiérrez que recibió el MVP del campeonato. Con él, la oferta de una beca para terminar el instituto en Findlay Prep, en Las Vegas, un centro especializado en la educación de promesas del baloncesto.

La historia del Jorge jugador asomó así la cabeza en el mundillo del básquet norteamericano a la vez que la del Jorge persona se preparaba para una nueva mudanza. Ya nadie lo llamaría ilegal, ya nadie llevaría sombreros mexicanos a sus partidos para burlarse de él. Sin embargo, él seguía siendo un migrante. Y los lastres, aunque positivos, se acumulaban en la mochila. «Los cambios grandes siempre me han resultado muy difíciles; y este fue uno de

136. Fue ahí que llegó Pako Cruz, íntimo amigo de Jorge desde esa temporada en Denver y otro de los chicos mexicanos de Lincoln que hizo carrera en el básquet profesional. De hecho, ambos coincidieron durante una época en la ACB: Pako Cruz jugando en Fuenlabrada y Jorge Gutiérrez en el GBC donostiarra.

ellos. En Denver al menos tenía a amigos con los que ir a comer a restaurantes mexicanos, escuchar nuestra música; pero en el high school de Las Vegas nadie hablaba español. Aunque en términos de basquetbol era muy bueno, en lo social me costó, me costó muchísimo.»

Pasan las horas. Nosotros seguimos solos en el aparcamiento de Palo Duro. El sol comienza a caer a lo lejos, tras unas montañas rojizas del color del ocaso. Pequeño paseo antes de que nos atrape la noche. Casi pisamos una tarántula, luego un lagarto. No hay ruidos, no se ve un alma. Por único compañero tenemos la presencia de un viento que se comienza a levantar. La soledad pone a uno frente al espejo. Ante al reto de solo convivir con uno mismo.

Algo así tuvo que hacer Jorge Gutiérrez en su último año de instituto. Solo en Las Vegas, Jorge repitió en el Findlay Prep la historia de Denver. Gran temporada a nivel individual y colectivo. Subcampeonato nacional. MVP del torneo. Otra subida de su caché que le llegó de la mano de un nuevo cambio. La prestigiosa Universidad de Berkeley en California llamó a su puerta. Aquí tienes una beca para jugar al básquet, aquí otra mudanza.

Durante sus cuatro años en Berkeley, en la muy latina California, Jorge Gutiérrez volvió a sentirse casi como en casa. Cerró el periplo universitario siendo escogido como mejor jugador de la conferencia Pac-12 en su última temporada. Desde aquella, es una de las leyendas históricas de la universidad de la Bahía de San Francisco. Un tipo con fama de luchador, humilde y trabajador.

Completó su ciclo universitario y tuvo un paso por Serbia en su primera experiencia profesional. Luego jugó para los Pioneros de Quintana Roo de la competición mexicana. Puso un pie en la liga de desarrollo de la NBA, competición entre filiales de las franquicias profesionales. Y tras tanto ascenso por la cara más dura de la montaña, por fin, la cima.

El 9 de marzo de 2014, diez años después de haberse subido a aquella furgoneta, de haberse embarcado en un viaje desde Chihuahua hasta Denver a través del inhóspito oeste, Jorge Gutiérrez debutaba en la NBA. Lo hizo con la camiseta de los Brooklyn Nets, que le habían ofrecido un contrato de diez días, de temporero del básquet. Sus actuaciones fueron convincentes. Diez puntos a Boston el 21 de marzo. Once a Atlanta en abril. Trece a Cleveland unos días después. Lo consiguió: los Nets lo firmaron por varios años. Parecía que en Nueva York había encontrado el entorno perfecto, el lugar donde asentarse durante un tiempo, el fin a su historia de movimientos indeseados.

Jorge coincidió en los Brooklyn Nets con estrellas del calibre de Deron Williams, Joe Johnson, Paul Pierce y, sobre todo, Kevin Garnett, que lo acogió bajo su ala. «Él es una de esas personas con las que te llevas muy bien o muy mal y yo, quizás por mi ética de trabajo, porque éramos los primeros en llegar al gimnasio y los últimos en irnos, le gusté.»

Pero Ítaca no existe, tampoco en los viajes de los migrantes del básquet. En diciembre de 2014, los Nets lo traspasaron a Philadephia 76ers, donde fue despedido antes siquiera de debutar. Retornó a la liga de desarrollo antes de volver a la NBA para jugar en Charlotte y Milwaukee. Y ya como si su carrera se resignase al destino de cruzar fronteras, o de que las fronteras la cruzasen a ella, Jorge dejó Norteamérica. Cambios: Euskadi, Alemania. Más cambios: Grecia, Turquía, México. Una vida trashumante en la que sigue embarcado. La del nómada del baloncesto que solo quería estabilidad y que sigue recibiendo todo lo contrario.

Estamos sentados frente a una hoguera. Quedaría muy poético decir que se escuchan los cantos de los coyotes de fondo, pero no tenemos tanta suerte. Solo se escucha el viento, suave, soplando. Ponemos algo de Whitney Rose para sentir compañía mientras calentamos una sopa y un poco de comida en el fuego. La oscuridad lo enfría todo en esta extensión que marcha y marcha y marcha hasta el Océano Pacífico, hasta la Huasteca Potosina. Tierras por las que han circulado durante años historias de personas como Jorge Gutiérrez.

Quizás, quién sabe, esa lucecita que se ve ahí en la carretera, a lo lejos, único punto brillante en medio de la nada, sea una de ellas. La de una persona que ha cruzado una raya en el mapa, o dos, o tres, para buscarse la vida en el país que es rico en parte gracias a que ha hecho pobres a los que tiene debajo. O la de alguien al que se le ha negado el derecho a ser ciudadano del país en el que se crio[137], solo porque sus orígenes estén al otro lado de una raya que significa mucho en la vida, pero nada en el territorio.

La única diferencia de Jorge con esa persona sería que él cruzó la frontera, o la frontera lo cruzó a él, mientras botaba una pelota de baloncesto.

137. En Estados Unidos hay unos ochocientos mil *dreamers*, inmigrantes que entraron de forma irregular siendo niños y que se han educado en el país. Proceden en su gran mayoría (81%) de México. El programa DACA de 2012 los protegió de la deportación, pero la administración Trump instauró ciertas trabas a nuevas solicitudes.

Sacamos una manta del coche. La luna, creciente, pequeña, hace que se vean las estrellas como en pocos lugares. Pasa el tiempo y las constelaciones se mueven hacia el oeste. Marcan el camino que hemos de seguir mañana.

LA LARGA MARCHA NAVAJO DE RYNELDI BECENTI

Animales que desaparecen, coches volando. Vecinos en refugios bajo tierra. Vientos que soplan a cuatrocientos kilómetros por hora. Mi casa, que estaba aquí y de la que ya solo quedan los cimientos.

Las televisiones de todo el mundo muestran de tanto en tanto el último tornado que ha arrasado las planicies de Texas, Oklahoma o Kansas. Pueblos deshechos, campos de cultivo destrozados, personas que se quedan sin nada. Algo así, aunque con una longevidad de siglos, fue la expansión hacia el oeste de los Estados Unidos. Una obra macabra en la que no se dejó títere con cabeza.

El papel de damnificados quedó para los pueblos nativos del continente. Desde 1607, se les fue empujando al oeste, siempre más al oeste, presionados por un gigante que se expandía. Y cuando a mediados del siglo XIX no hubo más tierra hacia donde empujarlos, a los nativos que no habían muerto en siglos de guerra, se los confinó en las últimas reservas. Naciones enteras vivieron en ellas su particular destierro. Vamos camino de la más poblada y extensa: la Nación Navajo. Setenta y un mil kilómetros cuadrados. Ciento setenta mil miembros.

Es 5 de septiembre. Han sido horas de carretera desde Palo Duro Canyon. Rutas desérticas. Picos rocosos, desfiladeros, eriales. Cruzamos Nuevo México echando la vista a un lado, no vayamos a cruzarnos con la caravana de Walter White. En Santa Fe damos un paseo por una de las ciudades más pintorescas del país. Construcciones de inspiración colonial española, otras de adobe imitando la tradición de la cultura pueblo. A las dos horas, Albuquerque. La carretera que serpentea entre las montañas de piedra roja que la rodean. Ochocientos kilómetros después de salir de Palo Duro llegamos a Shiprock, pueblo en el extremo oriental de la reserva navajo.

Son las diez de la mañana y parte de los nueve mil vecinos se desperezan. No: no hay tipis, no hay plumas, no hay caballos locos. Shiprock es una pequeña concentración de casas prefabricadas ensambladas en medio del desierto. A un par de kilómetros se levanta de la nada una impresionante formación rocosa, de unos cuatrocientos metros de alto y forma de vela de barco. Se la conoce como *shiprock* y da nombre al pueblo. Por lo demás, poco que destacar. Pistas de tierra. Alguna que otra carretera asfaltada. Un supermercado. Y los recintos dedicados a los servicios indispensables: ayuntamiento, colegio, instituto, restaurante, pista de baloncesto, casino. Como ocurre con tantas otras poblaciones nativas, Shiprock recuerda la parte empobrecida de cualquier ciudad estadounidense. Con la diferencia de que aquí no hay zona privilegiada. Ni se la espera.

Las cafeterías tampoco se estilan por los lugares donde se llega justo a final de mes, por lo que Ryneldi Becenti nos espera dentro de un Kentucky Fried Chicken. Es la única cliente del local. Bebida azucarada en mano, mira el móvil compulsivamente. Llegamos tarde a la cita.

Ryneldi ha acudido bien preparada al encuentro. En la mesa del KFC nos esperan carpetas llenas de imágenes, recortes y pósteres de su época de jugadora en Arizona State y en las canchas de Grecia, Suecia y Turquía. Estadísticas de aquel partido en el que repartió doce asistencias, fotos de este otro en el que amargó a la estrella rival. Todo ese historial que le llevó a debutar en 1997 con las Phoenix Mercury de la WNBA, convirtiéndose en la primera mujer nativa americana en jugar un partido de baloncesto profesional en los Estados Unidos. Hoy, eso la hace destacar en Shiprock tanto como la imponente roca que da nombre al pueblo. Aunque ella, parece, no es del todo consciente de ello.

—Gracias —dice.

—¿Por qué?

—Por querer contar mi historia.

La biografía de Ryneldi no es, en cualquier caso, lo primero que destaca en la reserva. Al menos a primera vista. Aquí, donde se valora el pelo largo y lacio de las mujeres, Ryneldi lo lleva casi rapado, al uno. Viste camisetas y pantalones holgados, estilo hiphopero. Y con cuarenta y ocho años, su 1,70 sigue mostrando cierta complexión atlética, producto de esas épocas como referencia deportiva entre los navajos. Ese legado que dejó huella aquí y en muchas otras naciones nativas del país, lejos de haberse evaporado, es el que ahora utiliza para llevar a cabo su cometido.

Voz ronca de exfumadora, sonrisa que se intercala con los tragos a la bebida azucarada que saca de la máquina dispensadora, Ryneldi se explica: «Lo que yo y otras mujeres de la reserva buscamos es que las chicas que tengan la oportunidad de hacerlo intenten salir de aquí gracias al baloncesto o a cualquier otro deporte. Empujarlas a que prueben una experiencia diferente antes de volver... si es que quieren».

Toda ayuda parece poca. En la Nación Navajo la palabra *salir* cuenta con más connotaciones, más obstáculos que los que arrastra en cualquier otro lugar. La Dinétah, territorio original de esta nación, está delimitada por cuatro montañas sagradas que cubren cada uno de los cuatro puntos cardinales. Y poner un pie fuera de ellas está impregnado de un pánico histórico, atávico.

El trauma data de mediados del siglo XIX, cuando los Estados Unidos llevaron a cabo su expansión final hacia el Pacífico[138]. Fue en ese momento cuando, junto a comanches, sioux y apaches, el turno en la cola de la sumisión les llegó a los navajos.

Tras años de escaramuzas, acuerdos y cesiones obligadas, el gobierno federal sometió de forma definitiva a los navajos en 1866. Fue una derrota sin paliativos. Se los extirpó como malas hierbas de la Dinétah para exiliarlos a la reserva de Bosque Redondo. A quinientos kilóme-

138. Antes, tribus de la costa este como los cherokees, los iroqueses, los mohicanos o los seminolas habían ya sido aniquiladas o exiliadas al oeste del Misisipi, donde se les aseguró que se les dejaría vivir en paz. Pero los Estados unidos, siempre ávidos de tierra y riquezas, incumplieron sus promesas. Y la expansión nunca frenó.

tros de aquí, donde había ausencia de todo. De agua, de vegetación, de vínculos, de vida. Obligados por el ejército estadounidense a cubrir todo el recorrido a pie, muchos murieron de agotamiento en el camino. Otros, al poco de llegar. El episodio quedó grabado en la historia navajo. Su nombre: *The Long Walk*, La Larga Marcha Navajo. Un camino traumático en el que algunos historiadores sitúan el miedo transgeneracional de este pueblo a salir fuera de su hábitat.

Llama la atención que el devenir histórico de los navajos, pese a la Larga Marcha, ha sido de los más edulcorados entre las naciones originales de Norteamérica. El gobierno estadounidense les permitió regresar a la Dinétah en 1868, dos años después de su exilio a Bosque Redondo. Hoy son uno de los pocos pueblos que permanecen en su tierra. Entre los demás, de los que no fueron diezmados hasta el exterminio, la mayoría tuvieron que exiliarse a territorios ajenos, a burbujas apartadas. Reservas en las que navajos, sioux o cherokees comparten una misma realidad. Miseria, desempleo, problemas lacerantes con las adicciones. Una esperanza de vida muy por debajo del resto del país. Es lo que conlleva haber sido los perdedores del continente.

«Por eso incito a las chicas que tienen posibilidades de salir con el deporte a que lo hagan. Aquí, el alcoholismo, las drogas y la violencia con las mujeres son un problema igual que lo son fuera; pero allí por lo menos tienen oportunidades de buscarse la vida, aunque sea para después volver e intentar mejorar esto, como hicimos otras.»

Ryneldi reeditó la Larga Marcha con su recorrido vital. Comienza con la historia de una niña que se crio con un balón en las manos hasta que su madre murió. «Estaba tan apegada a ella que, cuando falleció antes de que yo entrase al instituto, sentí que me quedaba sola; empecé a odiar la vida, entré en una depresión y pese a lo mucho que me gustaba el baloncesto, ¡estuve dos meses sin tocar un balón!»

Con el vaso en una mano y mirando el dispensador de bebidas del KFC de reojo, por un momento deja de hablar, como si quisiese darle un trago dulce al drama. Se va. Lo llena. Prosigue. Con el momento en el que entró en escena su padre: «Era un hombre muy duro. Cuando me vio así por la muerte de mi madre me dijo que no podía sentir pena de mí misma. Así que, a los pocos días de que falleciese, me dejó que un día fuese a llorar todo lo que quisiera a la tumba de ella, siempre y cuando al volver no lo hiciese más… y así fue».

Esa exigencia desmedida crearía luego otros problemas en su vida, probablemente más graves que un duelo muy largo. Sin embargo, puede que también le ayudase a alcanzar metas que no parecían hechas para ella. «Él me decía que el baloncesto iba a ser mi billete para escapar, para no quedarme aquí toda la vida; por lo que le hice caso en todo lo que me exigía. Si me obligaba a solo jugar contra chicos porque me harían mejor competidora, pues así lo hacía. Hasta salir del instituto nunca pasé tiempo con chicas, no tenía amigas.»

El restaurante comienza a llenarse. Una fila de cuatro personas espera su ración de pollo frito. Ryneldi parece viajar en su mente a las viejas épocas que ha relatado, como si todavía intentase descifrarlas. Le da uno, dos, tres tragos a su vaso de plástico. Y dice: «Mi padre era de la vieja escuela, pero me enseñó una cosa: a trabajar, trabajar y trabajar».

El esfuerzo tuvo su recompensa. Después del instituto, Ryneldi fue reclutada por el Junior College de Scottsdale, en Arizona, fuera de la reserva. A los dos años, recibió la llamada de una de las mejores universidades de la Costa Oeste en aquellos años noventa: Arizona State. Allí se convirtió en una de las mejores bases de su generación[139]. Fue su mejor época deportiva. Playmaker pura sangre, buena defensora, de mucho carácter. Escogida entre las mejores bases de la NCAA en sus dos temporadas. Hasta se le acabaría por retirar su número, junto a los de leyendas de Arizona State como James Harden, Fat Lever o Byron Scott.

Esa época universitaria forjó también su conversión en referente nativo. A los partidos de su equipo en Tempe viajaban navajos que llenaban sus camionetas cada semana para atravesar el desierto y ver jugar a su ídolo, su única ídolo. Por todo el país, miembros de otras tribus cercanas comenzaron a asomar en partidos de Arizona State, buscando a aquella chica a la que las niñas querían imitar. «En Carolina del Norte, por ejemplo, muchos cherokees o miembros de otros pueblos venían a verme jugar.»

No todo fue color de rosa. El rendimiento en la pista comenzó a contrastar con su día a día. Su primer paso lejos de las cuatro montañas sagradas llegó con el retorno

139. También destacó por ser parte de una etnia a la que incluso en Phoenix, a tan solo quinientos kilómetros de la Nación Navajo, no estaban acostumbrados. «Para muchas de mis compañeras era la primera vez que veían a una navajo jugando al básquet, o que simplemente veían a una navajo; ellas pensaban que no salíamos de la reserva y que no jugábamos al baloncesto, sino que vivíamos en tipis, que vestíamos con plumas y todo eso.»

a los procesos depresivos de los que nunca había salido del todo. Se sentía sola en el mundo. Era como si el carácter impenitente que su padre le inyectó chocase con la naturaleza de una persona sensible, apegada a lo suyo, a los más cercanos. Cuanto más se alejaba de su casa, más asomaba ese conflicto entre las dos Ryneldis.

Es mediodía ya en este 5 de septiembre. Dejamos el KFC y su dispensario de bebidas, al que Ryneldi acabó por acudir varias veces mientras contaba su historia. Caminamos por Shiprock. Atravesamos una explanada que ahora funciona como mercadillo de artesanía navajo, pero que en unas horas será el aparcamiento del pueblo. Luego, por una pista de básquet donde Devon, amigo de Ryneldi, echa unos tiros con su camiseta de los Lakers. No repara en nada más que la bola y la canasta. Hasta que llega el referente.

—*What's up, Ryneldi!*

—*What's up, bruh!*

Entramos a un puesto de comida, cerca del centro de Shiprock. Techos de chapa, paredes de madera. En cuatro bancos y un par de planchas de obra que hacen de mesa sirven el plato único del local, habitual de la dieta navajo: un taco grande en torta de maíz, relleno de carne de oveja y chiles verdes asados.

Todo en calma para comer. Conversación distendida con el dueño. Hasta que entra al local «Crackhead» Pete. Mirada perdida, mandíbula torcida, palabras que se solapan. El dueño mira al suelo, Ryneldi desvía la vista hacia otro lado. Pete se pone a hablar de forma compulsiva, sin que se entienda muy bien lo que dice, mezclando baloncesto con la historia de no sé quién, pidiendo a la vez algo de dinero. Sus palabras caen en el silencio, como si ya estuvieran acostumbrados a lidiar con todo esto. Unos minutos después, Pete desaparece y Ryneldi habla, como para el cuello de su camisa: «¿Ves por qué hay que salir de aquí?».

La parte más dura de su Long Walk particular le llegó a partir de 1993. Tras finalizar el ciclo universitario en Arizona State, debido a que todavía no existía una liga de baloncesto profesional femenina, Ryneldi hizo las maletas. Se fue a jugar a Suecia, a Grecia y a Turquía. Salió al ancho mundo para convertirse en profesional del baloncesto, pero moría al hacerlo. «Sentía morriña de estar en casa, muchas ganas de volver y caí en una depresión; cuando estuve por Europa siempre pensaba en volver a la reserva.» Tras cuatro años en el extranjero, una puerta se abrió al lado de su casa. La WNBA preparaba su temporada inaugural para 1997. Ryneldi recibió la llamada de las Phoenix Mercury, la franquicia de Arizona, donde se convirtió en la primera mujer nativa en jugar al baloncesto profesional norteamericano. Era el cierre perfecto para su particular Larga Marcha Navajo. Iba a ser profeta en su tierra.

Pero Ryneldi Becenti solo disputó un partido con las Mercury. A los meses de firmar, su padre, enfermo, le pidió que volviese a casa. E hija todavía de una época en la que a las mujeres se las suponía en su casa, dejó la WNBA y regresó con los suyos. «Lo tuve que hacer, se lo debía: él siempre había sido el que me invitó a irme, ¡si casi me empujó al avión para que me fuera a Suecia!»

Ese carácter legado por su padre —del que dice que lo primero que aprendieron ella y sus hermanos fueron los insultos y las malas formas— asoma de tanto en tanto. A los pocos días del encuentro en el KFC, le grita al entrenador del equipo de sus sobrinas en un partido de voleibol. Horas después, en un partido de fútbol americano de instituto de su sobrino, el foco de sus iras es el árbitro. *He's just stupid, c'mon!* Los otros espectadores la miran de reojo. A ella no le importa. O, al menos, así lo pretende.

Su padre falleció por un cáncer de riñón tres años después de que Ryneldi regresara a la reserva. Ella había comenzado ya a trabajar como profesora y entrenadora. Cumplió así una especie de promesa, de última voluntad. «Antes de morir», recuerda, nostálgica, en la misma tarde de calor en la que pagó sus iras con árbitros, entrenadores y amigos, «mi padre me pidió que les diese ejemplo a otros niños.» Acabó así aquí, en Shiprock, viviendo en casa de su amiga Reiny, otra de las mujeres navajo que caminan la misma vía que ella, la de ayudar a otras a que recorran su particular Larga Marcha.

«Sigue siendo muy duro ser nativa y mujer, pero ahora estamos abriendo puertas. Reiny es la primera directora deportiva de instituto que ha habido en la reserva, también hay una doctora que se preocupa en predicar con el ejemplo. Creo que estamos haciendo un buen trabajo. Pero muchas veces escogieron a otros entrenadores de baloncesto de instituto por delante de mí, solo por el hecho de ser hombres, aunque ellos no fueran nadie en el mundo del baloncesto.»

Ryneldi y esas otras mujeres se dedican ahora a instruir a una nueva generación de niñas. Creen que pueden inducirlas a ser mejores, a salir de aquí pese a tanto trauma histórico. Ryneldi, esa que todavía recuerda con lágrimas sus problemas cuando dejó la reserva, las invita a irse.

Su trabajo no se ciñe a esta nación. Cada pocos meses, viaja a otras reservas para contar su historia, para ejercer como el referente en el que se convirtió desde su llegada a Arizona State. En su habitación, entre pósteres de sus ídolos —Jason Kidd, Sheryl Swoopes, Stephen Curry—, guarda una punta de flecha, una pluma y un bote con polen de maíz. Amuletos navajo. Los lleva consigo cada vez que tiene que *salir*. La protección frente al mundo hostil que se abre más allá de las cuatro montañas sagradas. Donde aguarda la solución y el trauma, el país que los condenó y que custodia los medios para su liberación.

Pasan los días. Pachangas de baloncesto, tacos con carne de oveja, los labios que se secan entre tanto calor y tanto viento seco. La sensación es la de estar en un lugar que no es del todo los Estados Unidos. En unos días, el sentimiento aumentará: pasaremos por tierra de los hopis, entre sus casas de piedra y adobe, por su aislamiento casi total. Tal es su reclusión que no juegan ni al básquet, ni al voleibol, ni a nada que sea mínimamente *anglo*. Desde hace miles de años, los hopis se dedican a correr por el desierto. Para ellos, el deporte, ahí sí de forma literal, es religión.

Dejamos Shiprock en la tarde del 9 de septiembre. La Dodge ha subido como un anciano renqueante de la cadera a un puerto de montaña cercano, Buffalo Pass. Desde allí, como en un viejo western, echamos un último vistazo al pedazo de tierra navajo donde vive Ryneldi.

El oeste engaña con las distancias. El ojo del que no está acostumbrado no puede calcular territorios sin referencias visuales, llanuras donde solo un pico brota allá... una meseta muy allá... algo que no se sabe si es una nube o una cordillera mucho más allá. Cerca o lejos, no se sabe, se levanta, solitario, Shiprock, el pico de piedra con forma de vela que da nombre al pueblo. Un saliente tan llamativo en medio del desierto como la historia de Ryneldi Becenti, la pionera que hizo su propio camino fuera de este lugar gracias al baloncesto. Su misión, ahora, es que broten más montañas.

RICHFIELD, IDAHO, NO ES LO QUE PARECE

¿Qué sería de los viajes sin improvisaciones ni sobresaltos? Poca cosa. No hubiésemos conocido a Rico Danielle, el Naismith redivivo de Springfield. Tampoco sabríamos del club de fans de Giannis Antetokounmpo en los Apalaches. Y qué decir de Gary Holland. El anillo que le regaló Larry Bird seguiría en el anonimato de no ser porque su primo, el bueno de Keith, nos asaltó por Paoli con su historia.

Sin embargo, tras diecisiete etapas, más de tres meses de viaje y más de diez mil kilómetros de carretera, el mayor desconcierto del *coast to coast* está todavía por llegar. Espera agazapado en Richfield, Idaho. Lugar apacible, casi inerte. Población: quinientas personas.

El nombre de Richfield ha aflorado en la búsqueda de un contrapunto. Este viaje siempre ha tenido al baloncesto como pretexto, como muleta en la que apoyarse para contextualizar las diferentes realidades de un país poliédrico. Estados Unidos no es uno, son muchos, y solo hemos conocido unos cuantos. Pero todos han tenido en común una relación casi íntima con el básquet. Antes de llegar al final urgía algo distinto. Descubrir una cara oculta. Ese lugar donde la gente dijese algo así como pues oiga, a nosotros el básquet como que nos la trae al pairo.

Richfield parece ser el lugar idóneo.

Los vectores que han marcado la presencia del baloncesto en Estados Unidos nos hablan de un juego urbano, multicolor, parido por los afroamericanos en las pistas callejeras de Nueva York, Chicago, Philadelphia, Los Ángeles. Richfield está en las antípodas de todo aquello. Porque la región del noroeste que une a Wyoming, Montana e Idaho es blanca a más no poder, por eso de que pocos negros llegaron aquí tras la Gran Migración. Porque es de las menos urbanizadas debido a tanta montaña, tanta estepa y tanto clima extremo. Por una historia estadounidense demasiado reciente[140]. Todos esos factores hacen que Idaho sea uno de los estados que menos jugadores ha exportado en toda su historia al baloncesto profesional.

Hay más. Datos que sitúan a Richfield muy lejos del epicentro basquetbolístico. El único instituto de la población compite en la categoría más baja de las competiciones estatales de Idaho. Sus dos equipos quedaron últimos tanto en categoría femenina como masculina en la temporada 2018-2019. Los resultados, elocuentes. Los chicos consiguieron un récord impoluto: cero victorias y veinte derrotas. Sus compañeras lo mejoraron por poco: cuatro triunfos, diecisiete derrotas. Por estadística, historia, cultura y geografía, Richfield, Idaho, semeja un agujero negro del básquet. Y hacia allí nos encaminamos.

140. Idaho no fue explorada por colonos europeos hasta el siglo XIX y su primer asentamiento permanente se creó en 1860, más de doscientos cincuenta años después del primer asentamiento inglés en Virginia.

Por delante, mil doscientos kilómetros de carretera desde la Nación Navajo y las mesas de la tribu hopi. La brújula marca el norte casi de forma continua. Desde la carretera, vistas privilegiadas al Far West. Con sus cordilleras, sus despeñaderos, sus interminables praderas.

En Utah, estado de los mormones, viajamos entre los ríos del Parque Nacional de Zion, lugar de postal y de western, una de las muchas joyas naturales del oeste americano. Estamos atentos, pero no: ni Butch Cassidy, ni Sundance Kid, ni siquiera otros más modernos como Arthur Morgan o John Marston, andan por aquí.

Mantenemos dirección norte hacia Provo. Iglesias, facultades, montañas. Porque Provo es la sede de la Universidad de Brigham Young, centro mormón que porta el nombre del líder histórico de esta congregación, a cuyos fieles dirigió en un periplo a través del continente americano hasta Utah, tierra prometida. «El Moisés americano», que lo llaman algunos a Brigham Young. El caso es que el tener un público tan cerrado —para estudiar en esta universidad se debe cumplir con el código de honor mormón, con cláusulas como la castidad hasta el matrimonio o la abstinencia ante sospechosas sustancias como el café o el té— hace que la UBY no cuente con una gran capacidad de atracción baloncestística. De ahí que uno de sus últimos ídolos, todavía, sea el muy polifacético Danny Ainge[141].

141. Ídolo de la Universidad de Brigham Young, miembro destacado de los Boston Celtics ochenteros, uno de los muchos finalistas de la NBA damnificados por Jordan en los noventa vistiendo la camiseta de Portland Trail Blazers y Phoenix Suns, directivo responsable de reunir a Paul Pierce, Ray Allen y Kevin Garnett en el Big Three de los Celtics que ganó la NBA en 2008. Tan interesante es la biografía de Danny Ainge que ninguno de los datos anteriores es el más

Una hora después llegamos a Salt Lake City, capital del estado. Nos apeamos en pleno centro, cerca de la biblioteca pública. Un tal Ricky Rubio era hasta hace unos meses el español más ilustre de la ciudad. «Pero lo acaban de traspasar», nos confirma un tipo con la camiseta de John Stockton, que hace cola en el supermercado para comprar un pack de cervezas Sierra Nevada, especiales para territorio mormón[142]. Aprovechamos para visitar el EnergySolutions Arena, conocido como Delta Center en las épocas en las que Michael Jordan fue la pesadilla del propio Stockton, de Karl Malone, de Jerry Sloan, de los Utah Jazz y de toda la ciudad. Probamos las *funeral potatoes*, plato típico de la zona y que con su nombre da buena cuenta del carácter del lugar. Y hacemos noche junto al Gran Lago de Sal, donde parejas y grupos se acercan a ver cómo el sol se pone entre las montañas que rodean la urbe. A las horas, la luna, prácticamente llena, se refleja en el lago salado antes de que nos acostemos.

impactante. Porque Ainge es el único deportista en haber sido nombrado All-American en tres deportes distintos (baloncesto, fútbol americano y béisbol) durante su etapa de instituto. Y mientras jugaba al básquet en Brigham Young, también disputó la liga profesional de béisbol (MLB) con los Toronto Blue Jays. Polivalencia al cubo.

142. En un estado donde la muy conservadora Iglesia de Jesucristo de los Santos de los Últimos Días (o, para simplificar, los mormones) lo controla todo, la legislación respecto a ciertos temas es curiosa. Por ejemplo, en cuanto al consumo de alcohol. Las tiendas y supermercados no pueden vender bebidas con una graduación superior a 5%, de ahí que las cerveceras fabriquen productos especiales para el estado. Y hasta 2017, los restaurantes estaban obligados a separar la barra de bebidas alcohólicas de las mesas para clientes con un cristal opaco. Las *cortinas de Sión* —que así se llamaban los cristales, en una tremenda lección de *naming*— eran un método para que los mormones buenos no se viesen expuestos a la tentación de empinar el codo.

El último tramo a través del país de los mormones comienza a hacérsele demasiado exigente a la Dodge, que da los primeros sustos de importancia. Achaques propios de la edad y el kilometraje. Olor a aceite quemado, unos ruidos en el motor que no suenan nada halagüeños. La dirección y los frenos que ya no dirigen ni frenan demasiado. El principio del fin.

Suerte mediante y más de cuatro horas después de salir de Salt Lake City, llegamos a Richfield, Idaho. Es media mañana y estacionamos la maltrecha Dodge en un pequeño aparcamiento de tierra que ejerce de plaza mayor. El ambiente brilla por su ausencia. Al norte divisan ver los picos nevados de Wyoming y Montana, cerca ya de la frontera con Canadá. En el flanco oeste del aparcamiento, un bar con paredes exteriores de ladrillo visto. Dentro, una mujer anciana atiende una barra solitaria. Enfrente, otro bar, este con sus ventanas tapiadas. Una tienda y una oficina de correos en las otras dos esquinas. Y poco más. Como ocurría en Shiprock, todo lo demás son casas prefabricadas de madera. Una buena forma de explicar lo bisoño de la historia estadounidense por esta tierra.

El panorama no cambia pueblo arriba. Viviendas de madera, pick-ups aparcadas en el porche, depósitos de agua con el nombre del pueblo en letras mayúsculas. Tras un paseo de unos diez minutos, llegamos a Richfield Schools, el conglomerado de la educación preescolar, la primaria y el instituto de Richfield. El patrón se repite. Todas sus instalaciones están formadas por edificios prefabricados de madera.

El curso escolar 2019-2020 está ya en marcha. Niños y niñas de todas las edades se mueven entre clases. Cargan mochilas, libros, bolsas con comida. Griterío, correteos por los pasillos. Entre la marabunta, llamamos la atención. Lo foráneo no tarda en saltar a la vista en Richfield.

Alguien se acerca desde el despacho del director. Camina rápido. Tenemos pocos segundos para pensar: hay que enfocar la conversación de una manera positiva, explicar con tacto que visitamos su colegio por eso de que son muy malos jugando al baloncesto. Pensamos. Qué hacemos. Está aquí. Ya. Hola. Hola. Qué tal. Qué tal. A ver si es posible hablar con el entrenador del equipo de baloncesto. Si es que hay, claro. Esperamos una respuesta del estilo de *balonqué*. Pero la ilusión que genera nuestra pregunta empieza a desmoronar todo el entramado de esta etapa: «¡Pues claro, por supuesto! No sé si el entrenador jefe está por aquí ahora mismo, pero no hay problema, yo soy su ayudante en el equipo femenino. Vamos a la pista, ya verás».

Habla Mike Smith[143], al que ahora seguimos por los pasillos de Richfield Schools mientras esquivamos niños, profesores, pelotas. Mike es el superintendente del centro, labor que compagina con la de entrenador. Parece sacado de un videoclip de country: bigote, más de 1,80, blanco, complexión fuerte. Agradable al trato y devoto de lo suyo. Y mientras camina rápido entre obstáculos, acostumbrado al trasiego, comenta la enorme tradición de baloncesto que hay en este pueblo. Que si el entrenador tal, que si la jugadora cual, que si aquellos campeonatos y partidos en la cancha de quién sabe dónde. Hazañas anónimas que han tenido lugar en la categoría más baja de las ligas de

143. Lo parece, pero no es un nombre inventado.

Idaho, pero que él narra con el tono épico de una final olímpica. Habla y habla y habla. Y a cuantos más datos y más ilusión, más se trasluce que el objetivo de encontrar un contrapunto no se va a cumplir en Richfield.

Confirmamos las sospechas al llegar a la cancha. Pista de parqué recién barnizada, seis filas de gradas a cada lado. En las paredes, banderas en honor a los títulos estatales que consiguió el instituto en décadas pasadas. Muy pasadas. «Aquí», comienza Mike su exposición, «tenemos asientos para cuatrocientas ochenta y cinco personas y en el pueblo somos cuatrocientos noventa y cuatro. Pues fíjate: en la mayoría de los partidos de baloncesto tenemos lleno total, la gente de otros pueblos se tiene que sentar en las escaleras.» Imbuido por el ambiente, prosigue: «Mira si es importante aquí el baloncesto que cada vez que el equipo se clasifica para el campeonato estatal, nos vamos todos, profesores y alumnos, a la capital del estado en autobús. ¡Y suspendemos las clases!».

Mike camina hasta el centro de la pista. Se arma de solemnidad, como respirando los buenos momentos que debió de vivir aquí. Silencio de segundos, brazos en jarra. «Lo que sucede en Richfield, igual que en Dietrich —pueblo de unos trescientos habitantes, no muy lejos de aquí, y con el que este pueblo mantiene una enconada rivalidad baloncestística totalmente desconocida fuera de estos lares—, es que formamos parte de una zona de Idaho donde el baloncesto tiene una importancia brutal… ¡incluso hacemos desfiles cada vez que un equipo se proclama campeón del estado!»

Cada sentencia es una puñalada trapera al plan. El encuentro con Richfield era una especie de cita a ciegas, basada en una idea preconcebida que tenía más de deseo que de realidad: el pueblo del peor equipo del peor estado tenía que ser un campo baldío de baloncesto. *Wishful thinking*, un tiro que sale por la culata. Hasta entran ganas de cargar las iras contra Mike Smith. Decirle que si tanto les gusta el baloncesto en Richfield, si tan entusiastas son de este deporte como dice, por qué son tan negados que no ganan ni un partido. Pero si hasta perdisteis de treinta y cuatro puntos el derbi contra Dietrich, macho.

Pero Mike se adelanta. Tras cerrar las puertas de la pista, confiesa que el instituto tiene puesta toda su confianza en los jugadores de primer año. Esos que acaban de iniciar la secundaria en este mes de septiembre de 2019. El tiempo le dará la razón. El equipo masculino pasará a ganar casi la mitad de sus partidos: trece victorias en treinta y un partidos. Trece alegrías más que en la temporada pasada. Un logro que las menos de quinientas personas del pueblo acabarán celebrando por todo lo alto.

Dejamos el pabellón, volvemos a recorrer unos pasillos que ahora están más calmados. Mike espera que la visita nos haya servido para nuestro libro. Sí, claro, cómo no, muchas gracias. Adiós. Adiós. Buen viaje. Sí, y suerte, que os hace falta.

Nos vamos. Y los edificios prefabricados de Richfield Schools que quedan atrás.

Resulta que en este diminuto punto en el mapa de Idaho, en estas tierras que son parte de los Estados Unidos desde hace muy poco, en un lugar donde lo negro es exótico —con menos de un 1% de la población—, donde lo urbano es la excepción, donde lo más famoso que tienen son las patatas[144], donde la primera comunidad estable se levantó en el mismo año en que nació el maldito James Naismith, donde su equipo masculino no ha ganado la pasada temporada ni un partido; resulta que aquí también el básquet es parte inseparable de la cultura local.

La Dodge empezaba a dar ya síntomas de agotamiento y todo apunta a que el viaje puede estar llegando a su fin. El frío se deja notar en las noches del noroeste y el otoño, *toc toc*, llama a la puerta. Los termómetros bajo cero serán ya cosa habitual por estas tierras en unas semanas. Habrá que poner rumbo cuanto antes hacia el Pacífico para finalizar el *coast to coast*.

Llegada la noche, aparcamos la Dodge a las afueras de Richfield. No hay mucho que hacer, mejor acostarse pronto y descansar para lo que queda por delante. Buen momento para recapitular.

El viaje ha tenido un poco de todo. Sorpresas agradables. Paisajes. Historias. Pabellones. Música. Un accidente del que salimos indemnes, en todos los sentidos. Una poco velada amenaza de muerte, hace unos días, en medio de Arizona; anécdota que no ha entrado en este libro y queda reservada para un futuro relato de intriga. E incluso, ahora, gracias a Richfield, tenemos un contrapunto. Solo queda ya lo más difícil: acabar bien las cosas.

Allá vamos. Apagamos el frontal. Y nos echamos a dormir.

144. No es broma: el lema de las matrículas de Idaho es «*Famous Potatoes*».

CRUZANDO SAN FRANCISCO EL DÍA QUE SE INAUGURA LA NUEVA CASA DE LOS WARRIORS

Llega el momento de las despedidas. La Dodge va a ofrecer su último servicio con una auténtica odisea: de Richfield al Pacífico. Destino final, San Francisco.

El periplo comienza con varias jornadas atravesando con parsimonia la preciosa nada que es el desierto de Nevada hasta llegar a un sitio muchísimo peor que la nada: Las Vegas. Paseamos por el Strip, con sus casinos, tan obscenos. Ludópatas, homeless, excursiones de jubilados. Turistas que llegan para ver a ludópatas, homeless y jubilados.

Buscamos un plan alternativo. Al sur de Las Vegas Boulevard giramos a la izquierda hacia la Frank Sinatra Driveway. Es martes 24 de septiembre, la noche cubre ya la ciudad del juego y llegamos al Mandalay Bay Events Center. En unos minutos, a las nueve, comienza el cuarto encuentro de las semifinales de la WNBA. Las Vegas Aces buscan evitar la eliminación ante Washington Mystics.

Cinco mil personas llegan para animar a las huestes de Bill Laimbeer. Partido apretado. Liz Cambage y Kelsey Plum golpean primero. Las capitalinas responden. El marcador que llega igualado al último cuarto. Pero ahí, en los últimos diez minutos, cuando de verdad importa, Elena Delle Donne y la belga Emma Meesseman meten veintiún puntos y las de Washington se llevan la victoria. En quince días estarán levantando el primer título en la historia de la franquicia.

Son las once de la noche cuando salimos del Mandala Bay. Camino al desierto pasamos frente al Thomas & Mack Center, casa de UNLV, desde donde Larry Johnson y sus Runnin' Rebels arrasaron la NCAA en 1990[145]. Y una vez nos hemos alejado lo suficiente de la ciudad, echamos la vista atrás, a Las Vegas, a ese conjunto de luces en medio de la absoluta nada. Una especie de campamento para el desfase en un planeta extraño en el que no existe ni la luz, ni el agua, ni nada.

Amanecemos a la mañana siguiente con el Death Valley a un lado, el desierto de Mojave al otro y las montañas de Sierra Nevada al noroeste. En el arcén, la señal que tantos persiguen: WELCOME TO CALIFORNIA.

Quedan por delante horas y horas y horas de monótona carretera. De tierras yermas, pueblos polvorientos, burritos en restaurantes mexicanos y más tierras yermas. Hasta

145. Liderada por un inconmensurable Larry Johnson —a la postre número uno del draft de la NBA en 1991—, la dominación de la Universidad de Nevada-Las Vegas (UNLV) en el torneo final de la NCAA de 1990 fue total. Ganaron tres de sus seis partidos por más de treinta puntos. Entre ellos, la final ante la Universidad de Duke de Christian Laettner, que ganaría los dos siguientes campeonatos.

que, de pronto, se intuye una montaña. El pico del Monte San Antonio. La Dodge agoniza pero comienza a escalar lentamente. Nos rodean los pinos, el fresco, la vida. A lo lejos se divisa lo que parece niebla marítima o polución, o ambas. Descendemos como un peregrino en busca del oasis. Palmeras. Villas. Mansiones. Gente guapa. Cochazos.

Los Ángeles.

La historia basquetbolista de L.A. es tan extensa que se necesitan varios días para rendirle culto. Ofrecemos nuestras primeras reverencias entre las estatuas del Staples Center. Aparece a cada poco un turista en bermudas a sacarse una foto con Shaquille O'Neal, retratado en su postura habitual: colgado del aro, piernas encogidas, dominación total. Las estatuas de los otros ídolos, las de Elgin Baylor, Magic Johnson, Kareem Abdul-Jabbar, Jerry West o Chick Hearn, que permanecen ahí, marginadas, celosas del gigantón.

Brandan, compañero de habitación en el hostal de West Hollywood donde nos hospedamos, se ofrece a darnos una ruta en coche por la ciudad. Suspensiones bajas y carreteras de siete carriles. El conductor fumando yerba en pipa y el peine enganchado en su pelo afro. Si John Singleton hubiese dirigido *Érase una vez en Hollywood* podría haberse inspirado en Brandan[146].

La primera parada es el Forum de Inglewood, casa de los Lakers del *showtime* y, quizás, uno de los exteriores más bonitos de cualquier pabellón NBA. Caminamos junto a

146. Con solo veinticuatro años, John Singleton dirigió una película fundamental para la L.A. afroamericana de los noventa: *Boyz n the Hood*. Antes de fallecer en 2019, retomaría la temática con la serie *Snowfall*.

sus arcos blancos de veinte metros y nuestro guía, natural de Inglewood, deja su comentario de experto: «Paul Pierce también vivió en Inglewood desde pequeño y siempre soñó con jugar en los Lakers. *Funny, right?*[147]».

La ruta continúa por las canchas de Venice Beach, junto al gimnasio al aire libre que popularizó Schwarzenegger. Oficializamos el *coast to coast* con un chapuzón en el Océano Pacífico. Hacemos tiempo sentados en el muro. Pero el playground se mantiene vacío. Hasta que, ojo, aparece un paisano de unos dos metros. Su camiseta de tiras deja ver unos hombros cincelados. De la mochila saca una bola de marca. Tiene pinta de crack.

Ninguno de sus diez primeros tiros toca aro. *Fake it until you make it*, fíngelo hasta lograrlo, pura filosofía angelina.

El Chevrolet de Brandan marcha pegado a la costa. El Segundo. Manhattan Beach. Melenas rubias, abdominales marcados, bañadores, bikinis. Y, en Redondo Beach, la mansión casi a pie de playa en la que vivió Pau Gasol durante su etapa en Los Ángeles, entre 2008 y 2014. La vendió en 2016. Por 3,2 millones de dólares.

Hace falta un cambio de tercio en la ruta costumbrista por L.A. Y le proponemos a Brandan un plan:

—¿A Compton no vamos a ir?

—A Compton no quieres ir.

147. Paul Pierce acabó por ser leyenda en los Boston Celtics, rival histórico de los Lakers, y donde jugó quince temporadas. Puede que el punto álgido de su carrera fuese el *Wheelchair Game*, el primer partido de las Finales de 2008. Durante el tercer cuarto, Pierce se hizo daño en la rodilla y salió de la pista en silla de ruedas. Parecía lesionado para lo que restaba de finales. Sin embargo, apareció al cabo de unos minutos, el público de Boston se levantó, Pierce anotó dos triples seguidos y los Celtics acabaron por ganar su primer anillo en veintidós años. Su rival en aquellas finales, claro, eran Los Ángeles Lakers.

Vamos, ya al día siguiente, sin Brandan. En la Dodge suenan, cómo no, NWA y Kendrick Lamar, hijos predilectos del barrio. El viaje desde West Hollywood hasta Compton toma casi una hora a través de esta jungla de asfalto. Lejos de la playa, el concreto angelino supura agobio. Porque Los Ángeles cuenta con una fachada lujosa, abierta a la brisa marítima, casa de los más privilegiados. Pero en Compton, en Watts, en el South Central que ardió en 1992 tras la paliza de la policía a Rodney King, donde ya no hay vistas al Pacífico y los carriles bici son sustituidos por carreteras bacheadas, donde no hay mansiones pero sí bungalós o apartamentos o cuchitriles, en la trastienda de la urbe de donde partía el San Andreas[148], viven millones de personas. Entre ellos, la mayoría de los que construyeron y seguirán construyendo toda su cultura deportiva.

Compton es una ciudad dentro de la ciudad en la que niñas y niños luchan por imitar a sus vecinos ilustres. Visitamos las pistas de tenis donde se comenzó a tejer la leyenda de Venus y Serena Williams, las hermanas más reconocidas del deporte mundial. Nos acercamos a su vieja casa de Stockton Street, con sus muros de adobe blanco, jardincillo vallado, los nuevos sueños que habitan ahora sus cuatro paredes. Es última hora de la tarde, el sol se pone, el cielo deja uno de esos ocasos propios del sur de California en los que no hay nubes a la vista, solo el rastro de aviones que rayan un cielo azul, naranja, violeta. Los

148. El *Grand Theft Auto: San Andreas*, videojuego estrenado en 2004, se consideró en su momento uno de los mejores de la historia. Narra la historia de CJ, un antiguo pandillero de Los Santos —nombre ficticio de Los Ángeles— que regresa a su ciudad tras la muerte de su madre. El contexto se inspira en esa L.A. noventera de disturbios, guerras entre bandas y desborde de la epidemia del crac.

vecinos disfrutan de la fresca sentados en las aceras, lejos ya las peores épocas de Crips y Bloods[149]. Y mientras, en canchas de baloncesto de aquí y de allá, se forjan los próximos intentos de ser Baron Davis, James Harden, DeMar DeRozan, Russell Westbrook. De ser Diana Taurasi o Cheryl Miller. Todos hijos de la megaurbe. De esta otra L.A., la que solo toca el mar en vacaciones y pica y repica para encontrar arena bajo el cemento del playground.

A las horas del paso por Compton, iniciamos ya el último tramo del viaje. Rumbo al norte, quinientos kilómetros de carretera tras los pasos de Junípero Serra[150], la gran ciudad se ha convertido en un recuerdo lejano. Olor a pino, laurel y salitre. Nos rodea el Big Sur, la remota fusión de mar y montaña donde Jack Kerouac se peleó con el delirium tremens, donde se despidió de la vida beatnik que había narrado en *On the Road* y otros tantos libros. *Big Sur* fue el epitafio de su vida en la carretera. Y algo así le ocurre a este viaje, al que se le acerca el final.

149. Enfrentados desde hace décadas, Crips y Bloods son dos de las bandas más reconocidas de Los Ángeles y de todo el país. Ambas tuvieron su centro de operaciones en barrios como Compton y surgieron en unos años sesenta en los que las comunidades negras sufrían la marginación, la segregación y el combate por parte del estado a sus organizaciones políticas y sociales. El punto más crítico de la guerra entre estas bandas llegó con la epidemia de crac de finales de los ochenta y comienzos de los noventa, en la que las tasas de asesinatos con arma de fuego se dispararon. Desde aquella época se mantienen en descenso.

150. La figura del fraile mallorquín Junípero Serra ha sido campo de debate en los últimos años. Primer evangelizador de la actual California durante la segunda mitad del siglo xviii —fue el fundador de las misiones de San Francisco, San Diego, Monterey, Sacramento o San Luis Obispo—, el Papa Francisco lo canonizó en 2015 y algunos lo consideran un personaje «extraordinario». Sin embargo, numerosas voces criticaron tal reverencia al que consideran responsable de la aniquilación de nativos en California —sesenta mil en los cincuenta años siguientes a su llegada— y su cultura.

Desde el Big Sur, el Pacífico siempre a la vista, la Dodge sigue surcando a duras penas la icónica Highway 1. El puente de Rocky Creek. Carmel. Monterey, con sus casas de *Big Little Lies* y las nieblas marítimas volando a toda pastilla por encima de ellas.

Santa Cruz. Pescadero.

Y al fin, San Francisco, última parada.

Llevamos instalados unas semanas en esta ciudad simbólica, bella, camaleónica. El súmmum de lo que significa el *oeste* en este país. Pues tan solo existe desde 1849, pues es tan joven como todo lo estadounidense en esta parte del continente. Pues en sus dos escasos siglos de historia ha ido cambiando de aspecto para acoger a los buscadores de lo que siempre ha ofrecido el Far West: oro y sensación de *libertad*, que no libertad.

Destino en un comienzo de aquellos 49ers que llegaban buscando riquezas, San Francisco pasó luego a ser refugio de beatniks, de la comunidad LGTBI+, de hippies, de punkis. Hoy, último cambio en su metabolismo, la urbe vive convertida en faro del capitalismo tecnológico de Silicon Valley, a tiro de piedra de aquí. El rancho donde se asientan Google, Apple o Facebook. Nuevos magnates del Salvaje Oeste. Dueños del oro del siglo XXI.

Los años de desenfreno que han representado esos gigantes han convertido a Frisco en la ciudad más acaudalada y exclusiva del país. Los alquileres de cuatro mil dólares son la norma, un sándwich barato te cuesta doce dólares y la peor habitación de hotel con los once peores compañeros posibles se puede ir fácilmente a los cincuenta. Extensión de esa opulencia al mundo del deporte, pocos han representado el exitoso modelo San Francisco como los Golden State Warriors.

Un conjunto del montón durante décadas y que había logrado su último campeonato en 1975 de la mano de Rick Barry, los Warriors vivieron en 2010 un giro de ciento ochenta grados cuando dos popes de Silicon Valley, Joe Lacob y Peter Gruber, adquirieron la franquicia. Los Golden State Warriors se convirtieron bajo su mandato en el mejor equipo de lo que llevamos de siglo y modificaron por completo la forma de jugar y de orientar el negocio de una franquicia deportiva[151]. Y sin metáforas ni exageraciones, hicieron que nada en los despachos o en las pistas volviese a ser lo mismo. Fueron Atila y su caballo. Igual que Google, Facebook y Amazon.

Ocurre que esta noche del 24 de octubre de 2019 se presupone histórica para los Warriors. Como parte de su proceso de conversión en una franquicia deportiva líder a nivel global, el equipo va a inaugurar la temporada 2019-2020 estrenando pabellón: el Chase Center[152]. Lo harán a las siete y media ante los Clippers de Los Ángeles.

151. Los Warriors han sido campeones de la NBA en 2015, 2017, 2018 y 2022; protagonistas de la temporada regular con más victorias en la historia de la NBA; y, quizás por encima de todo, motor de la mayor revolución que ha vivido el básket en décadas de la mano de Stephen Curry y sus triples desde doce metros.

152. Hasta ahora y durante los últimos cuarenta años, la casa *warrior* había estado al otro lado del Bay Bridge: en Oakland, ciudad obrera, negra y dura. La urbe donde se fundaron los Panteras Negras en 1966, a la que Tupac Shakur llamaba casa, donde se criaron los tótems del baloncesto de la Bahía: Bill Russell, Gary Payton, Damian Lillard. Veinte kilómetros al este de Oakland también está Walnut Creek, ciudad natal de una de las nuevas estrellas del baloncesto femenino norteamericano: Sabrina Ionescu.

La velada es agradable, extrañamente calurosa en esta ciudad. Idónea para el último recorrido del viaje: un paseo desde el centro hasta el flamante Chase Center. Las fallas que fracturan Frisco se harán evidentes en esta ruta por sus diferentes realidades. No serán, en cualquier caso, más que el preludio de lo que se viene en unos meses.

Son las siete y media, horario del Pacífico. Comienza la inauguración oficial del Chase Center, nueva casa de los Golden State Warriors. Se estrena de paso un año de la NBA que se presenta muy interesante por razones baloncestísticas, que acabará por ser histórica por motivos *coronavíricos*.

Iniciamos el camino hacia el nuevo pabellón desde el barrio del Tenderloin, en pleno centro. Un lugar donde no se ha vivido el despegue de la urbe, o de su franquicia de baloncesto, durante los últimos años. Estas son las calles que se han mantenido olvidadas en una esquinita de la fiesta, el vertedero que toda riqueza desmedida necesita.

Lugar de referencia arquitectónica, el Tenderloin está plagado de edificios art déco, fachadas con detalles labrados tras el gran terremoto de San Francisco de 1906. Pero el pasado no importa. Nadie puede levantar la vista para admirarlo mientras camina: estaría corriendo el riesgo de tropezarse con alguien durmiendo en la acera.

En estas cincuenta manzanas del centro viven hoy unas ocho mil personas sin casa, una gran mayoría de los diez mil homeless que se reparten por una ciudad de tan solo ochocientos mil habitantes. Acampan, duermen, se drogan, cagan y mueren a la vista de todo el mundo. Su número no ha hecho más que aumentar en estas últimas décadas en las que la riqueza que los rodea se ha disparado. Son las cosas del capitalismo, que en San Francisco lleva vaqueros, come quinoa y hace yoga entre horas. Pero que es igual de salvaje.

Echamos a andar. Nos saluda Walter, el sintecho más conocido de la esquina de Post con Taylor, todavía en el Tenderloin. Todo habitual de la zona afirma que este hombre ya estaba aquí cuando él o ella vino por primera vez. Blanco, delgado, con barba de dos días y mirada perdida, a Walter todo el mundo lo tutea. Los policías, los trabajadores de los hoteles, los vecinos. Una popularidad que debe a su carisma, que es notorio, así como a una increíble capacidad de sorprender al personal. Porque tras más de veinte años viviendo en la calle, Walter se mantiene relativamente en forma. Puede tocar la guitarra con maestría cuando está inspirado. Parlotear francés. O incluso charlar sobre existencialismo. Cuando no lo está, te puede increpar. O agredir. Son, en cierto modo, los contrastes propios de su ciudad.

Unos metros calle abajo, camino ya al nuevo pabellón de los Warriors, otro clásico de la zona. Marcus está a lo suyo en el 540 de Jones Street, a lo que suele hacer estas horas: sus ejercicios diarios. Apoyado en el bordillo de la acera para hacer flexiones, Marcus —1,90, complexión fuerte, afroamericano— se levanta ahora para hacer sentadillas. Aprovechará luego el toldo de su hotel SRO[153] como barra para las dominadas.

153. Los SRO —Single Room Occupancy— son hoteles de larga estancia con habitaciones individuales, muchos de ellos dedicados hoy a gente sin recursos. La mayoría están en el Tenderloin. Scott Lang, el *Ant-Man* de Marvel, vive en uno de ellos al comienzo de la primera película de su saga. *Working class hero* de los de verdad.

Charlamos un rato con él y lo dejamos en el 540 de Jones con su penúltima serie, la forma que tiene de abstraerse durante unos minutos de todo lo que lo rodea. Suenan ambulancias de fondo. Algún que otro grito. El Tenderloin es un agujero de miseria en medio de una riqueza obscena. Y antes de que prosigamos, se confiesa: «Odio este lugar».

Caminamos entre gente cubierta con sacos de dormir. Hileras de cuatro, cinco, seis tiendas de campaña. Gente desgañitándose sin que se entienda bien lo que dicen. Camellos en esquinas que ofrecen xanax, heroína, crac.

Como para no odiarlo.

El partido no ha comenzado de la mejor manera para los Warriors. Han pasado doce minutos y están seis puntos abajo. Por delante, meses para acostumbrar a su público a algo que no ha sido habitual en los últimos tiempos: perder.

Recorremos las calles que ya se empiezan a parecer un poco más a la San Francisco que venden las guías de viajes. Market Street, avenida comercial, de donde parten los afamados tranvías que copan las postales de la ciudad. Las aceras repletas de turistas que esperan su turno, para que el tren los lleve arriba y abajo de una de las muchas colinas. Tickets a siete dólares, el conductor que no da abasto.

¿Qué tiene esta ciudad para atraer a tanta gente? Una trinidad que la ha hecho icónica. La sensación de libertad que siempre ha ido asociada a su nombre. Un oro que se transforma, pero no desaparece. Y la fotogenia.

Porque igual que el Delta lo es al sur, San Francisco

es la epítome del oeste. Es oro y libertinaje. Lo es desde que hicieron tierra aquí los primeros buscadores de oro, allá por 1849, cuando California no significaba nada en el imaginario mundial. Llegaban desde la costa este, desde China, México y Europa. Eran en su mayoría hombres solteros que habían escuchado y leído en periódicos que esta zona del continente estaba llena de metales preciosos. Querían hacerse ricos. La mayoría no lo consiguió. Más tarde aparecieron otros hombres, otras mujeres para venderle todo lo que no podían encontrar en lo que era un asentamiento en los confines de América. El pueblo tornó así en una ciudad minera al uso, donde solo importaba el presente, donde las riquezas iban y venían con una facilidad pasmosa. Bares, sexo, bebida, juego. Cultura local. De esa fusión de buscadores de riquezas con la ausencia de normas propia de un lugar fundado sobre la nada, nació Frisco.

Nadie como Samuel Brannan explica la idiosincrasia de aquella ciudad primigenia. Miembro de la iglesia de los mormones, enviado por Brigham Young en barco desde Nueva York, Brannan hizo tierra en San Francisco con una pequeña expedición. Al comprobar in situ las riquezas que prometía un lugar como California, Brannan pensó que al Lago Salado de Utah, al desierto al que estaba destinado su iglesia, iban a ir Brigham y su madre. Se instaló en la Bahía y se convirtió en la fuerza motora tras la fiebre del oro en la que no hubo tanto oro pero con la que él se enriqueció, se divorció, se arruinó. Terminó sus días en algún lugar de California. Fue todo lo que un mormón no debería ser, todo lo que California acabó por representar. Mitología del Salvaje Oeste, donde solo unos cuantos —los más fuertes, los más potentados, los más cabrones— se hicieron ricos. Y él, al menos durante un tiempo, lo fue.

El espíritu que construyeron entre Brannan y otros como él pervivió en San Francisco. El oro fue mutando de formato, pero sus buscadores siguieron peregrinando hasta aquí. Porque oro, para beatniks como Jack Kerouac, Ginsberg o Ferlinghetti, era esa cultura de la ciudad libre de convenciones sociales, que les hizo convertirla en su santuario, en un lugar que se regía por normas diferentes a la América que odiaban y que los odiaba. Oro, para músicos de jazz negros como John Coltrane o Charlie Parker, para Billie Holiday o Etta James, era el barrio de Fillmore, su Harlem del oeste, donde las dosis de racismo disminuían de forma considerable. Oro, para la comunidad LGTBI+, era una urbe donde uno podía acostarse o vestirse o sentirse como le diese la gana. Y oro, para el movimiento hippie, fue el barrio de Haight-Ashbury, donde dieron rienda suelta a su Verano del Amor, ya en 1967.

De esta forma, en un lugar que se fue construyendo de forma maravillosa entre colinas y niebla, con edificios victorianos y casas de colores, con puentes y vistas al océano y su bahía, San Francisco se erigió en símbolo de los Estados Unidos contraculturales. Al tiempo, en carne para las agencias de viajes. De ahí que hoy tanto turismo la haya gentrificado, un concepto que aquí ya casi suena a monotonía.

Acabamos de poner un pie en el SOMA, antiguo barrio industrial reconvertido en zona de modernos. Tiendas, galerías de arte, bares exclusivos. Un grupo de diez o doce turistas sigue en pantallas gigantes el partido de los

Warriors. Está a punto de llegar el descanso. La franquicia de San Francisco pierde ya por once puntos. Será que nos vamos acercando al colapso.

En la actualidad, el nuevo oro que ha tomado la bahía se asemeja mucho más al concepto original. No es tangible, no se toca, pero se expresa en start-ups, cotizaciones, rondas de financiación, inversores ángel. Es un movimiento que proyectó primero la cara de Steve Jobs, que hoy utiliza la de Zuckerberg y tantos otros. Un movimiento que en las últimas décadas ha dirigido desde aquí lo que se ve en casi todas las pantallas del globo. En parte, también, el devenir de la economía mundial.

Dejamos atrás el barrio algún día industrial del SOMA para llegar a Mission Bay, casa del nuevo pabellón de los Warriors. En el camino, las oficinas de Twitter, Adobe, Airbnb. En las aceras se apean de los buses que llegan de Silicon Valley los trabajadores de Youtube, Facebook, Google. Han llegado a esta ciudad desde cualquier rincón del mundo, atraídos por unos salarios altos y una oferta de libertad encapsulada.

Los *techies* son, en cierto modo, una reedición de los mineros de 1849. Ellos persiguen hoy el mito del Far West a base de APPs e IPAs. Sueños de riqueza y libertad en un desierto de normas. Donde unos pocos se forran, donde la mayoría tiene que compartir piso.

Miembros de la minoría que sale ganando de todo esto, Joe Lacob y Peter Guber compraron los Golden State Warriors hace una década. Ellos, a base de triples y un juego espectacular, igual que las compañías de San Francisco a base de innovaciones tecnológicas, pasaron a ser los jefes del cotarro en el mundo del básquet. Pero el partido del estreno de su nueva casa no va como se esperaba. Los Warriors, que tan bien han representado este modelo, pierden de casi treinta puntos. ¿Será esto el fin de algo?

Y es que, al final, la historia de San Francisco ha sido un continuo movimiento cíclico. Un ir y volver entre épocas de boom, caída y reinvención. Los que buscaban oro nunca lo encontraron, los hippies que retrató Joan Didion en *Slouching towards Bethelem* acabaron enganchados al caballo. Y el boom de este capitalismo tecnológico parece cerca de su desplome, al menos en la ciudad. Es lógico. Ante tanta distopía, ante una ciudad con alquileres para millonarios y diez mil personas viviendo en la calle, en un lugar que conjuga el hedonismo con la miseria de manera tan frívola, quizás la única pregunta lógica sea cuánto falta para el precipicio.

Puede que este se manifestase por primera vez con la debacle de los Warriors en este 24 de octubre. No solo van a llevarse una paliza. En lo que queda de temporada antes del parón por el Covid-19, la franquicia perderá cincuenta partidos y solo ganará quince. Stephen Curry se romperá la mano la semana que viene. San Francisco empieza a desmoronarse.

Llegamos al Chase Center. La temperatura de la noche sigue siendo magnífica. La bahía se mantiene en calma, ahí a escasos metros. El encuentro finalizó hace unos cinco minutos. Salen por los vomitorios del estadio miles de personas que acaban de pagar una entrada que partía de los ochocientos dólares la más barata. Habría que sumarle cuarenta y cinco de aparcamiento en los aledaños del pabellón y una entrada inicial para socios de entre mil y siete mil dólares. Calderilla.

Algunos de los que llevaban toda la vida acudiendo a los partidos en Oakland no han querido o podido renovar su abono. El Chase Center se convertirá en casa de gente que no le importa tanto el básquet. Advenedizos que se tomarán todo esto como una atracción más de la ciudad. Como los tranvías, la niebla, la sensación de libertad. Todo eso que definió a San Francisco. Todo eso que hoy se vende en su escaparate, siempre a precios desorbitados.

Mareas de gente. Selfis con el letrero del Chase Center a las espaldas. Risas. Nadie parece reparar en que el equipo local ha perdido de paliza. En medio de tanta bonanza, ¿a quién le importa?

El humo brota en la acera, frente al pabellón. Dos parejas latinas cocinan y sirven perritos calientes a todo el que se le antoje. Van a siete dólares la salchicha. Y no importa. Para los que las pagan, calderilla. Para los que las cocinan, es probable que todas las que vendan no sean suficientes para pagarse un apartamento en la ciudad. Finalizada su jornada tendrán que tomar un bus, o un metro, o ambos, para regresar a su casa, seguramente muy lejos del centro.

Dentro del pabellón, el marcador no deja lugar a dudas. Algo no funciona. Final del partido. Golden State Warriors 122, Los Ángeles Clippers 141.

EPÍLOGO: KILÓMETRO 15.932

El 24 de octubre de 2019 nada hacía presagiar que el colapso fuese a ser de tales magnitudes que acabaría por afectar a algo más que a los Golden State Warriors o a San Francisco. Pero pasó lo inesperable: el inicio de una pandemia mundial. Los factores se le fueron acumulando a San Francisco y, enésima sorpresa del viaje, nos ha tocado vivirlo desde este rincón de California.

Es 16 de marzo de 2020. Han pasado cinco meses desde aquel partido inaugural del Chase Center. ¿Qué hemos hecho entretanto? Fácil: trabajar para recuperar el dinero que se esfumó con el viaje. La Dodge Grand Caravan hace tiempo que yace en el depósito de vehículos de la ciudad de San Francisco, incapaz de moverse un kilómetro más, transportada hasta allí por una grúa del ayuntamiento. Despedida indigna para una máquina que ha cumplido su trabajo. Un adiós que hizo tan poco honor a su trayectoria como el que, por ahora, ha tenido la dinastía de los Golden State Warriors.

Hoy se ha oficializado el cierre de la Bahía de San Francisco frente al coronavirus. La ciudad deja imágenes surrealistas. No quedan turistas. Las calles están vacías de casi todo, con sus vistas y sus colinas más solitarias que nunca, puede que más fotogénicas. Toda persona que se lo ha podido permitir se ha recluido en casa por órdenes del ayuntamiento. *Shelter in place*, que le llaman aquí al confinamiento.

Eso sí, en las calles del Tenderloin, de la Misión, de Haight-Ashbury, quedan los *homeless*. Diez mil ciudadanos que no tienen casa. Ellos continuarán estos días con su existencia paralela, con sus rutinas de antes de la pandemia. La única diferencia es que los ciudadanos de la otra San Francisco se han desvanecido.

Ventanas y entradas de muchos bares se han ido tapiando estos días con tablones de madera, por si acaso. Tardarán tiempo en volver a abrir. Una vez se comience a atisbar que esto va para largo, la mayoría de los *techies*, ya que ellos no tienen problema para trabajar desde casa, empezarán a dejar la ciudad en masa. Algunos emigrarán de forma permanente a las nuevas ciudades molonas: Austin, Denver, Portland. Los alquileres se dispararán en ellas, solo los recién llegados se los podrán permitir. La cultura local se fagocitará hasta que esta nueva forma de capitalismo desenfrenado acabe con ella.

Puede que la irrupción de la pandemia signifique el final de la San Francisco tecnológica. O puede que esto solo sea un impás. Que todo regrese a su cauce en un año. Frisco estará lista en cualquier caso para otro cambio de época, como los muchos que ha vivido en su historia. Como cuando pasó de ser un incipiente pueblo minero en la costa del Pacífico a ciudad de jazz, refugio gay, enclave beatnik, Belén hippie. Al final, siempre habrá alguien dispuesto a hacer suya la ciudad.

El colapso que empieza a asomar este 16 de marzo no se ceñirá únicamente a estas calles. El 25 de mayo de 2020, George Floyd es asesinado por la policía de Mineápolis. Las protestas contra la brutalidad policial hacia los afroamericanos toman las ciudades de todo el país. A los meses, las burbujas para dirimir los campeonatos de la NBA y la WNBA se convierten en altavoces de la causa del #BlackLivesMatter, así como de la movilización del voto popular para echar a Donald Trump de la Casa Blanca. No solo gracias a ello pero sí con su inestimable apoyo, el señor naranja pierde las elecciones presidenciales de noviembre de 2020 en favor del demócrata Joe Biden.

En 2021 comienza una nueva época, quién sabe si mejor o peor. Más alejados del trono de primera potencia mundial, carcomidos por la enfermedad histórica del supremacismo blanco y con una desigualdad entre clases cada vez más sangrante, sumidos en una pelea entre su alma más reaccionaria y la que ansía un nuevo país, puede que de estos cambios salga algo más justo. O no. Pase lo que pase, desde Harlem hasta Richfield, desde la Nación Navajo hasta el pueblo de Larry Bird, una cosa ha quedado clara: el básquet seguirá siendo una parte indivisible de lo que ocurra.

Sucede con los viajes largos como este que, de forma inevitable, las despedidas acaban resultado un tanto descafeinadas. La rutina de levantarse todos los días lejos de casa se metaboliza, se convierte en normalidad. Ahora, toca volver. Pero como canta el californiano Eddie Berman en «Easy Rider», esa es la parte más dura. Encerrarse durante unos meses en casa va a ser una medida genial para iniciar el camino de vuelta a la realidad.

Para evitar que el periplo acabe como la furgoneta, sin el homenaje que se merece, escogemos un lugar simbólico para la despedida, uno de los muchos que tiene San Francisco: en un punto algo escondido de Russian Hill, la colina que se levanta al norte del Tenderloin. A un lado queda el Golden Gate, símbolo del Pacífico, el océano al que apuntábamos desde que iniciamos el viaje en Harlem, hace ya casi un año. Al otro, los rascacielos del centro, la bahía, Oakland, Berkeley. Luces de ciudad entre la bruma. El viento frío mueve la niebla a toda velocidad, como debe ser en este lugar donde el clima oscila entre un otoño y una primavera constante. Las calles vacías. Nunca durmió San Francisco tan tranquila.

Para despedirse, qué mejor que una canción: «Frisco Blues», de John Lee Hooker, el bluesman que tuvo un recorrido vital tan movido como el de nuestro *coast to coast*. Nacido en el Delta del Misisipi, con un paso previo por Memphis antes de emigrar al Rust Belt; un tipo que como nosotros se fue escapando hacia el oeste hasta morir junto al Pacífico. Donde, como bien canta, se enamoró de San Francisco.

He intentado que el viaje fuese de todo el que se atreviese a subirse al carro de estas páginas de baloncesto, música, personajes, historia, carretera. De ahí tanta primera persona del plural cuando, en realidad, estuve más solo que Stephen Curry en la temporada 2019-2020.

A todo el que haya llegado hasta aquí sin bajarse antes de la Dodge, gracias.

I left my heart in San Francisco
I left my heart, people, in San Francisco
High on the hill, at the Golden Gate, 'cross the bay
In San Francisco, on the hill, the mornin' fog
And the cool, cool night
That's where I wanna be: San Francisco
That's where my heart
Up in New York City
I've been to Chicago
But found no place like San Francisco
With the cable car high, high on the hill
In the mornin' fog
The evening breeze
The cool, cool night
Is where I wanna be[154]

154. Dejé mi corazón en San Francisco / Gente, dejé mi corazón en San Francisco / Arriba de la colina, en el Golden Gate, al otro lado de la bahía / En San Francisco, en la colina, en la niebla de la mañana / Y la fría, fría noche / Ahí quiero estar: en San Francisco / Ahí está mi corazón / He estado en Nueva York / En Chicago / Pero no he encontrado un lugar como San Francisco / Con el tranvía, arriba de la colina / En la niebla de la mañana / La brisa de la tarde / La noche fría, fría / Es donde quiero estar.

AGRADECIMIENTOS

Gracias, primero de todo, y por todo, a Patri.

Gracias a todas las personas que salen en este libro, por su tiempo. A Rob, Álvaro y Carmen, por adoptarme en Bayonne como un primo más. Y lo mismo para aquellos que no aparecen pero estuvieron por ahí, echando una mano, aguantándome, haciéndome un favor, invitándome a una cerveza, respondiendo a una pregunta, ofreciéndome un lugar donde dormir.

También a los que perdieron tiempo en leer este manuscrito cuando todavía era un suplicio hacerlo: Deimian, Saúl, Breixo, Enrique, Patri, García, Carrasco, Frank, Manu, Paulo. A este último doblemente, por además servir de consejero en el proceso de intentar publicar un libro. Igual que Fernando Erre.

Gracias a mis padres y a mi abuela. A mi familia de Panchés. A mi madrina y padrino, Maiks, Montesanto, Varys —ellos ya saben— y el resto de familia bataneira.

A la Samba del Wombats, a Yoel y al resto de gañanes de A Coruña. Mención especial para Pichulín y Ana por ejercer de caseros en Chicago, en Houston, o donde hiciese falta.

A los Santiago Destroyers, del primero al último. No por todo, pero casi.

A la familia del Dakota Hotel: Dany, Manu, Marta, Serginho, Ilaria, Giacomo, Adam, Carmen, Seba, Javi. A la gente del Chouquet's. A PJ por siempre darme un trabajo no tan merecido. Y, por supuesto, a los miembros de DeCarpio's Fan Club, experiencia germen de este libro.

Mila esker a Jonfi, Ibon, el ya mencionado Carrasco, familia Ormazabal y demás amigos y gente de Egia por estar ahí. Y por su fe durante dieciséis meses en que el «mes que viene» iba a ser la fecha de finalización de este libro.

Eskerrik asko a Javi, Rachel, Txari, Itsaso, Irati, Hugo, Mai, Sandra, Miguel y todo el petit comité de galernos, por más cenas y más todo.

Moitas grazas a Luzes, pola súa interese nas historias de galegos por América, actividade na que tamén participou a xa finada e polivalente Dodge. A Elio Martínez y NBA-Maniacs por ofrecer una plataforma para ver que estas historias le podrían interesar a alguien. Y a Diego Barcala, por echar una mano.

Gràcies a Eduard y la gente de Contra, porque sin su trabajo esto sería tremenda purria.

A Blackie, por la compañía y los paseos. Algún día iremos de viaje para escribir un libro como Charlie y Steinbeck. O no.

Y, otra vez, más que merecida la repetición, a Patri.